FROM BROADWAY TO SHOW LIFE

从百老汇到演艺大世界

都 市 演 艺 产 业 集 聚 竞 争 力 研 究

张蕾 著

上海书店出版社
SHANGHAI BOOKSTORE PUBLISHING HOUSE

序 言

张蕾的《从百老汇到演艺大世界——都市演艺产业集聚竞争力研究》就要付梓出版，她要我写一篇序言，作为博士指导老师，当不容推辞的。可是因为许多杂务，就一再拖延甚至影响了出版日期，很是抱歉。

记得当年，张蕾到上戏工作，当我了解到她的求学经历和工作实践后，就觉得特别适合，学校正在准备大力发展艺术管理专业。大家知道，在西方，大学建立艺术管理专业大致肇始于上个世纪中叶，当然也源于欧美发达国家艺术机构的发展、艺术产业的兴盛。在我们国家，如果从宽泛意义上的艺术管理来说，当然也有悠久的历史传统，比如，我们常常说上海在20世纪30年代号称东方百老汇，意思就是，在那一时期，上海的演艺产业已经非常发达。在2018年7月为了准备在上海召开的世界戏剧大会上的主旨演讲，我特别对20世纪30年代上海的戏剧产业进行梳理，发现那一时期上海舞台艺术的繁荣，恰恰是中国传统戏曲高度市场化的时期，也就是说，中国传统戏曲在那一时期就有自己非常有特色的管理思想，当然，真正具有现代性的学科性的艺术管理，在我国还是到上世纪80年代改革很开放后兴盛起来的。但我们不可否认中国传统中艺术管理的脉络、思想的巨大存在，这也需要我们去总结。张蕾本科就学于中央音乐学院，毕业后在演艺界有过一定时期的工作经历，之后又到美国纽约大学攻读艺术管理的硕士学位，回来后有国有院团的管理经验的积累。基于这一情况，在确定她的博士论文时，我就建议她以演艺集聚区作为研究对象，因为她在纽约求学时，在百老汇有过深入体验和调研，后来又在伦敦参加过音乐剧的学习和训练，对伦敦西区又有了亲身的体验，这样就确定把纽约百老汇、伦敦西区、上海演艺大世界、首尔大学路四个城市的典型演艺集聚区作比较性的研究，就顺理成章了。

演艺集聚区的形成与近代城市的形成密切相关，也与城市空间的变迁相随，这项研究目前从文献上看，还有很多空白，比如，纽约百老汇、伦敦西区，两个在世界上最有影响力的演艺集聚区，其发展的历史就是一部传奇。记得2012年伦敦奥运会期间我到访伦敦，恰好遇上西区的奥斯卡剧院上演《捕鼠器》60周年，非常震惊，在一家小型老旧的剧院，一部戏能够延续60年的生命力，是何等让人吃惊的事情，据说类似的案例在百老汇和西区是常见的现象，在这里艺术的创造性和管理经营的高水准值得我们高度关注。当然，百老汇和西区的发展历史上也并非一帆风顺，就是当前也不断遇到挑战，也是伦敦奥运会那年的夏天，英国合作方请我在 Vitoria Palace Thatre 观看音乐剧 Billy Elliot，这是一家历史悠久的剧院，但是剧院外墙斑驳陆离，陈旧不堪，我问他们为什么是会这样，回答非常简单，没有经费维修。但剧院内部却金碧辉煌，观演的氛围也非常让人感叹。纽约百老汇历史上也同样经历过衰败期，上海环人民广场演艺集聚区现在正式定名为演艺大世界，从上海开埠到20世纪30年代基本形成规模，期间一百多年的历史轨迹也值得我们很好地去研究。

因此，选择演艺集聚区作为研究对象在当下无论是对城市发展还是对演艺发展都具有重要的意义，同时还具备多元探索的学术价值。就我上面的认识看，仅这几大演艺集聚区的形成历史进行研究，每一个集聚区就可以作为一本很有分量的博士论文来写。张蕾的著作也梳理了四个演艺集聚区的发展历史，但显然这不是她论述的重点，论述是以演艺集聚区的竞争力作为生发点来进入的。也就是以产业经济学的视角对这几个在全球相对有影响力的演艺集聚区进行关照。实事求是讲，这远远越出了我作为一个人文学者的知识结构范围，但是，我非常赞成这一视角，就是说，虽然四个集聚区具有不同的发展历史和不同的特色，加之不同国家、城市演艺政策的区分，就使得这种产业视角的关照不能从单一的产业角度来研究。这里就自然而然涉及政府和社会对产业的扶持，特别是对演艺作为一种艺术创作与其它产品的区分更加重要，所以，我们也看到，论文中也大量介绍和论述了百老汇等演艺集聚区不同的剧院、不同的区域、不同机构的不同性质和政策。这些对今天我们国家剧院建设、院团管理等都有重要的借鉴价值和意义。

本书还有一个重要的特色就是作者在写作伊始就带有自觉的问题意识。针对上海建设国际文化大都市，特别是上海提出打造亚洲演艺之都的目标后，又进一步提出演艺大世界这一聚集区重点突破的建设目标，本书在比较视野中一定程度为上海提供了世界经验，对目前演艺大世界的问题的梳理也值得我们关注。

本书还给人一个较深的印象是基于作者本身对四个集聚区的接触、体验和利用自己外语的优势，能够直接对相关管理者和艺术家进行田野式调查的访谈，第一手资料的占有就显得尤为珍贵。

当然，本书还有很多有待深入的部分，尤其是产业分析对于数据的需求和模型的搭建，都可以在未来的研究中继续进行。

是为序。

黄昌勇

2020 年 11 月 8 日

目 录

绪 论

第一节 选 题 缘 起

产业集聚是指产业资本要素的汇聚过程，是同一产业在某个空间区域内高度聚集，集中于某一特定范围之内。产业集聚现象是随着工业革命而逐步出现的，直到如今，它还在不断更新和发展。2002 年国家将文化产业确定为国家战略性产业，演艺产业作为文化产业的基础性产业，也迎来了市场化发展的历史机遇。经过十几年的发展之后，我国演艺产业发展整体上还处于初级阶段，市场机制仍不完善。因此，演艺产业发展十分需要政府的引导和规范。国家对文化产业领域投入了大量的资金和给予了政策倾斜，文化创意产业成为国家经济新的增长点，演艺产业也是其重要的组成部分，也得到了政府很多的财政投入和支持，因此研究演艺产业的发展现状和未来趋势是十分要的，这将有利于该产业的未来发展，促进其呈现出良性循环状态，同时研究成果也可提供政府作为决策咨询参考，使未来的政策能够更符合现实需要，发挥更有效作用。

产业集聚中当然也包括演艺产业，是在工业产业集聚发展的基础上衍生出来的，有其发展的客观规律。只要演艺产业在不断发展，产业集群发展及其多种形态就始终在发挥作用。产业集聚相关的研究在国内得到越来越多的重视，演艺产业集聚区的发展已经引起学术界和政府有关部门的关注，演艺产业的集聚化发展问题已经成为当前文化产业和区域经济研究待深入探讨的课题。目前我国学者在这一领域仍然处于探索阶段，继承了传统产业的想法和做法，仍以原有的基础理论为依据开展研究，范围主要集中在文化创意产业方面，并取得了一定成果，但精准的关于演艺产业的系统理论体系还远没有成型。

2017 年 12 月，上海市发布《关于加快本市文化创意产业创新发展的若干意见》（简称“文创 50 条”），其中有着对上海未来的剧场规划蓝图，明确提出上海将打造“亚洲演艺之都”。上海正在建设和改造一批剧场，最终将形成 8 个演艺集聚区。可以看到，我国演艺产业有着广阔的发展空间，但同时，发展的压力也仍然巨大。面对机遇和挑战，我国演艺产业如何兼容并蓄，成为当前我国演艺产业发展所面临的迫切问题。

目前，国外在演艺集聚区方面的研究以实证研究为主，这些研究以城市或地区演艺产业集聚为基础，分析未来走向，探索演艺发展之路，为演艺企业的发展提供了一定理论支持。但总体上缺少从产业集聚角度研究演艺产业集聚的形成机理，更多的是针对现有的案例总结经验，在演艺集聚区方面的研究还不成熟。如何整合现有资源，从产业集聚竞争力的视角，多角度地探索出一条演艺产业集聚发展之路，增强我国演艺集聚区的国际竞争力和向外传播的辐射能力，成为急需解决的一个难题。

第二节　文献综述

研究演艺产业的集聚发展，必然涉及“演艺产业”“文化创意产业”和“产业集聚”等密切相关的范畴。本书所涉及的部分文献综述如下。

一、经济学方面的产业集聚研究

有关产业集聚的理论，根据经济发展的不同形态有着不同的发展阶段，主要包括以马歇尔为代表的外部规模经济理论、以韦伯为代表的区位选择理论、以克鲁格曼为代表的集聚理论，以及以迈克尔·波特为代表的竞争优势理论等。

(一)马歇尔的外部规模经济理论

英国经济学家马歇尔第一个较为系统地研究了产业集群现象,他在自己著作中提出了“集聚”的概念,并将其用于产业集中的描述,指出聚集的效应所在,可以发挥正面作用。马歇尔将经济规模进行分类,并分析了“产业区”(即现在意义上的“产业集聚”)的经济产生的原因。他认为外部规模经济,是在特定区域内由于产业的集聚而引发的区域内生产企业的整体成本下降,与产业的地区性集中有关;内部规模经济,是由个别企业的资源、组织和经营效率形成的规模经济。区别于此前的经济理论,他认为产业集群来自外部规模经济,企业在追求经济效益的过程中催生了集聚现象。因此在马歇尔看来,产业发展有两个可能的路径:一条路径是依靠大企业“树大乘凉”;另一条路径是通过由中小企业组成的地方产业集群来促进发展。

(二)韦伯的区位选择理论

阿尔弗雷德·韦伯最早提出集聚经济的概念,将集聚规模经济的分析纳入区位选择理论中,系统解释了工业活动空间分布的理论体系,从空间集聚效应的角度对产业集群进行研究。韦伯从工业区位理论出发,认为产业聚集由两部分构成,最开始由企业自身扩张而产生,这是初级阶段的特征,在小规模范围内进行,企业集中有利于自身发展,通过这种方式获取动力;第二阶段,大企业开始发挥作用,在某一区域大范围聚集，进而产生吸引力，使更多企业趋同，形成明显的地方性集聚效应。韦伯理论主要是从产业空间集聚的成本收益对比来分析产业集聚发展的经济性，认为集聚是一种自下而上产生的形态，是企业为追求利益而自发实现的。

（三）克鲁格曼的集聚理论

20 世纪 90 年代，克鲁格曼在经济学领域内以建模方法来分析经济活动的空间集聚，从报酬递增的角度为产业集聚的产生提供了新的解释。克鲁格曼将地理、区位等条件因素引入，提出了新的空间经济理论，发展了集聚经济思想。

（四）波特的竞争优势理论

新的产业集聚原理从 20 世纪 80 年代开始就被学者们关注，在经济发展过程中发挥重要作用。20 世纪 90 年代，迈克尔·波特强调地理集群现象对创新和竞争力的意义，在《国家竞争优势》一书中重新梳理产业集群的概念，将其与国家竞争优势挂钩，提出了“钻石模型”。“钻石模型”由“需求条件”“企业的战略”“相关及支撑产业”“结构与竞争”构成，机会和政府也是重要元素。

迈克尔·波特的竞争理论，与传统关注产业集聚的学者不同，他的观点另辟蹊径，关注经济优势的获取，以此作为研究的切入点，认为产业在区域上的集聚，能够增强其竞争力。波特认为产业集群在工业化过程中十分普遍，各种产业集群也十分明显地存在于所有发达经济体中，国家竞争优势体现在产业集群上，也是来自于产业集群，两国间经济上的竞争主要在产业集群竞争上表现。波特将产业集群概念提高到增强国家竞争力的高度，从而引起各界高度重视。

上述各种理论对产业集聚形成原因的解释作出了巨大贡献，每种理论都从不同角度来解释产业集聚的形成原因，但也都存在着一定程度的局限性，至今还没有形成对产业集聚理论相对完备的系统化论述。把产业集群作为一类经济现象来考察时，学者研究往往聚焦于经济现象本身及产生原因，却没有关注受到影响的本体。[1] 产业集群相关理论目前备受关注，也是学者们的研究重点，但目前成果有限，仍处于初级阶段，他们将国外的理论与本国的实际结合起来，但没有得到较大突破，仍需要进一步努力，将研究深入下去，取得更好的结果，丰富现有的理论。尤其应用产业集聚理论对演艺产业进行研究的成果更加缺乏。

二、有关产业集聚竞争力的研究

对产业聚集竞争力的研究，早期学者提出了完全竞争与产业集聚的不相容性，一些学者在这方面进行研究，提出了这一看法。思德瑞特(Starrett D.)指出远程贸易不可能存在于任何竞争均衡的同质空间内，因而站在空间经济学角度，

[1] 褚劲风：《创意产业集聚空间组织研究》[M]，上海：上海人民出版社，2009年，第19页。

竞争的市场机制会失效。[1]

产业集群规模-报酬递增又是一种具有代表性的观念，这一理论来自于垄断竞争。一些学者就这方面进行研究，通过实证分析的方式获得结论，由于消费的多样性和柔性专业化，集群内的企业生产需要更具专业度的分工，造成企业间的竞争局面。

事实上，以上关于竞争程度争论的矛盾并不大，从集群内和外两方面可以解释产业集群与竞争的关系。产业集群内外的企业相比，内部的企业可以有机整合融为一体，从而有了一定垄断力并产生了规模经济。着眼于集群内部的企业，地理性集中使得竞争加剧，自然会产生产业集群加剧竞争的观点。但这与产业集群的竞争力并不矛盾，产业集群竞争优势正是来源于垄断力、规模经济和内部竞争三者的存在，并且可以带动区域内经济发展。

三、产业集群与产业集聚的概念辨析

产业集群概念是1990年提出的，它是相关领域内的关联企业在地理性的集聚，集聚区内企业间竞争与联系并存，彼此之间既相似又互补。集群内同时存在上游的供应商、横向相关的其他企业、下游销售渠道和消费者，还有提供外部

[1] 魏后凯等：《中国产业集聚与集群发展战略》[M]，北京：经济管理出版社，2008年，第218页。

资源的其他机构，使得一系列相互关联的产业形成。

产业集聚（Industrial Agglomeration）指同一类或不同类产业及其在相关的、支持的企业在位置上的集中分布，可以获得规模经济并降低成本。它侧重描述了某个产业的空间分布状态。有学者认为它是特定区域内某些产业的集中现象。[1]

集聚在经济学上是指经济活动的群聚，其中有设定空间，向特定区域聚集，而促进动力在于优势条件或利益。文化产业聚集首先需要一个主导产业，以其为中心吸引相关企业聚集，在特定区域内形成一个企业群，通过这种空间集聚优势并持续发展。[2]

产业集聚实际上就是产业的集中现象，强调的是空间的聚集，各种要素汇合在特定的范围内，即从分散到集中转变的过程。在某一共同空间发展，可以共享基础设施，带来规模经济效益。

而产业集群更强调上下游企业之间形成的联系，本身具有协作关系，在此基础上拉近空间的距离，形成了产业聚集的状态。同时企业与政府和其他机构间也有着竞争与合作关系，以此结成具有很强地域性的区域创新网络。

从上面两个概念上来看，本身存在着共同点，就是在地理

---

[1] 魏后凯：《我国产业集聚的特点、存在问题及对策》[J]，《经济学动态》，2004(9)：58－61.

[2] 花建：《文化产业的集聚发展》[M]，上海：上海人民出版社，2011年，第1页。

空间上的产业集中，但是二者却并不完全相同，区别显而易见。产业集聚主要针对于同一产业而言，是同类企业之间的集中。产业集群是指不同产业之间，彼此有着必然的联系，相互协同，彼此配合。但二者之间又有着必然的联系，不可截然分割。

随着产业集聚的发生，同类的企业在特定空间集中，这就为产业集群提供了条件，是其形成与发展的基础所在。产业集聚的存在为产业集群创造条件，但最终结果还受其他因素影响，并非一成不变。产业集中布局需要一个发展历程，从集聚到集群并非一蹴而就，必然存在着由低级向高级的一个过程，且不同产业集群的纵深程度和复杂性也不相同。因此，产业集聚只是产业集群形成的一个必要条件而非充分条件。[1]

四、关于文化创意产业集聚的研究

波特正式提出“产业集群”的概念并提升到国家竞争力层面，掀起了中外学者们从产业集群的角度研究创意产业发展的激情。在多个国家创意产业发展过程中可以发现，在创意产业园区内，集聚才能够发展。迅猛发展的创意产业，有明显的集群化趋势。对此，许多学者都有类似的论述，认为创意产业具有趋向于在城市特定地区集聚并形成专业化生产的特点。Galina Gornostaeva 和 Paul Cheshire 认为，文化

[1] 朱英明：《产业集聚、资源环境与区域发展研究》[M]，北京：经济管理出版社，2012 年，第 208 页。

产业企业之间在地理上的接近，是由于受到外部经济的驱动，文化产业集群一旦成立，就会产生积累效应，从而吸引更多的企业进入集聚空间。[1]

斯科特在《城市文化经济学》中认为，创意产业集群是根植于地方的生产者网络，这种创意产业集群生产网络具有特殊的竞争优势，地理位置具有提高文化创意产业集群内创意行为的功能。斯科特还认为，创意产业与城市经济发展水平密切相关，有向城市聚焦趋势。[2]

普拉特(Pratt A.)探讨了创意产业集群构成的外部网络组织，认为在创意产业集群的形成和发展中，辅助机构为其提供了支持和配套设施，如教育和培训、商业服务、研究机构等。他认为，创意产业集群隶属于产业集群，本质上没有差别。

凯夫斯在《创意产业经济学——艺术的商品性》中认为，创意生产网络的集聚和发展带来了创意群落的成本优势、集体效率和创新优势等，这些方面构成了创意产业集群形成和发展的动力因素。凯夫斯从制度经济学角度，用经济分析的方式分析了创意行为的经济特点，解释了为何创意产业这类生产无形资产的行业容易发生集聚，论述了艺术中心的凝聚力在于因集聚而节约了经销商和顾客的成本，其中，艺术品差

[1] Paul Cheshire, "Handbook of Regional and Urban Economics", Volume 3: *Applied Urban Economics*[M], Holland, North-Holland, 1999,第197页。

[2] 艾伦·J.斯科特：《城市文化经济学》[M]，北京：中国人民大学出版社，2010年，第27页。

异大的特性可以抵消集聚带来的不利因素。[1]

Lee Fleming 认为，地理位置的邻近在知识的合作生产中起着重要的作用，并且合作的程度随着空间距离的加大而快速降低。佛罗里达认为，创意产业集群不同于一般产业集群，需要不同的环境和对应政策来扶持支持。澳大利亚学者斯图亚特·坎宁安对文化产业和创意产业进行研究，指出创意产业可以带动区域经济发展。

我国的一些学者也从不同角度研究了产业集聚的形成机理与动力机制。魏后凯认为产业集聚大多是在市场的机制中自发形成的，但是政府政策在为产业集聚创造有利外部环境、引导产业集聚发展方向中具有重要作用。

王缉慈在《创新的空间——产业集群与区域发展》一书中，将理论与实际结合起来，应用国内的理论解决国内的问题，也提出了未来发展的政策建议。陈倩倩和王缉慈在《论创意产业及其集群的发展环境》一文中，探讨了文化创意产业集群在城市中形成和发展的问题，认为创意产业集群具有一般产业集群的特点，高度集聚和密切联系，使本地生产网络通过集群内的企业和个人合作与交流形成。[2]

花建在《文化产业的集聚发展》中认为，地理、资本、信

---

[1] 理查德·E.凯夫斯：《创意产业经济学——艺术的商品性》[M]，北京：商务印书馆，2017 年，第 32 页。

[2] 王缉慈：《创新的空间——产业集群与区域发展》[M]，北京：科学出版社，2019 年，第 47 页。

息、物力、人才和制度是6个与文化产业集聚相关的区域资源。应该立足一个动态的角度，从产业的不同发育阶段来研究资源的配置，选择最佳区位，设立集聚区来促进产业发展，以获得最有效的赢利模式。[1]

从上述关于产业集聚的研究中，笔者发现目前在文化产业和创意产业集聚方面的研究已取得一定成果，但是演艺产业集聚尚没有形成完整的研究框架与体系，文献数量较少。目前关于演艺产业方面的研究更多的是集中在介绍国外理论和发展的实践经验层面，较少有文献对演艺产业集聚的竞争力进行分析与研究，揭示演艺产业集聚的动力机制与特征规律，同时对演艺产业集聚区实例研究的文献资料也不多见。演艺产业的研究还缺乏空间集聚的视角，对演艺集聚区的研究有待进一步深入。

所谓演艺产业集聚，就是数量众多的相互关联的演艺企业、团体、个人（艺术家、工作室）以及与相关支持系统（包括艺术院校、行业协会、基金会、服务性行业、政府部门等）在特定区域内的集中，资本要素在地理区域汇集，形成高度聚集的状态。

本研究的目标是希望通过研究演艺产业集聚区的国际竞争力，借鉴国内外经验，具体阐释演艺产业的生产要素和集聚的动力机制，以及政府和企业对集聚区应起到的作用。

---

[1] 花建：《文化产业的集聚发展》[M]，上海：上海人民出版社，2011年，第7页。

第三节　研究思路

本书主体内容分为七个部分，包括绪论以及六章的主体内容。

绪论部分，着重阐述研究演艺产业集聚的选题缘由和意义，对相关成果进行综述，概括研究内容、框架与思路，以及研究价值与意义。

第一章，梳理国内外典型演艺集聚区的历史沿革与演化轨迹，对演艺大世界活力区、百老汇演艺集聚区、伦敦西区演艺集聚区和首尔大学路演艺集聚区的历史沿革和特征进行概括。

第二章，解析演艺产业本身的生产要素，运用演艺产业的基础理论，分析演艺产业的内涵特征。参照西方经济学在传统上将生产要素归结为劳动力、资本、组织和土地等的方法，以人力要素、资本要素、基础设施要素和区位要素作为演艺产业的生产要素进行分析。

第三章，研究演艺产业集聚得以形成的动力机制，根据演艺产业的生产要素，将演艺产业集聚的动力机制归结为人才流动、人力要素集聚以及“知识溢出”效应；资源成本和交易成本等资本因素对规模经济的影响；集聚区内企业主体之间的相互分工与协作；以及空间区位要素对演艺产业形成集聚的动力原因。

第四章，主要分析在演艺集聚区中，演艺产业链的延伸以及与相关产业的联动而形成的纵向与横向的网状结构发展，并重点研究了属于产业链下游消费营销阶段的观众结构特征和需求分析，以及艺术法和艺术政策带来的影响和作用。

第五章，从演艺集聚区发展战略和竞争力理论出发，阐述集聚区内主要机构的不同定位，以演艺大世界集聚区为例，分析其较集聚区外的同业更具有国际竞争力的原因。

第六章，为提升演艺大世界集聚区国际竞争力而提出政府层面与企业层面的对策建议，政府政策支持能够创造更好的集聚环境，增强产业集聚的吸引力以及演艺集聚区的国际竞争力。

笔者综合运用产业经济学、文化经济学、艺术管理学等相关理论，以纽约百老汇、伦敦西区、首尔大学路等演艺集聚区为案例，以国内外学者现有的研究成果为基础，对演艺产业集聚区的发展以及竞争力进行全面系统的研究，进而提出有针对性的政策建议。

第四节　选题价值与意义

第一，填补对演艺产业集聚发展缺少系统化研究的空白。

演艺产业集聚发展的实践缺少相应理论的跟进和指导，目前国内已关注到演艺产业集聚发展的实践，但至今仍未形成对演艺产业集聚发展的动力机制与竞争力等系统化的理论研究成果，这在某种程度上对我国演艺产业集聚发展的规范性与科学性形成一种阻碍和制约。

在综合前人研究成果的基础上，再经过系统思考和逻辑的归纳，笔者试图对演艺产业集聚的动力机制和竞争力进行分析和阐述。希望更多有学识的同行继续对此问题继续追索，直至形成更加成熟、规范的理论框架和研究成果，不断深入开拓演艺产业集聚发展的研究领域。

第二，以演艺大世界集聚区为例，对比参照纽约百老汇、伦敦西区、首尔大学路等其他国家的演艺集聚区，寻找演艺产业集聚发展的中国模式，找出政府政策引导和支持的着力点。

第三，在实践意义方面，为提升演艺大世界集聚区的国际竞争力，提出政府层面和企业层面的对策建议，提供演艺产业更完善发展的路径。作为文化产业的一个组成部分，演艺产业规范和理论研究还处于一个认识和探索阶段，本书可以为未来研究提供借鉴。

本书分析演艺产业集聚发展的动力机制与国际竞争力，对标国际上比较成熟的演艺集聚区案例，根据中国国情，提出提升演艺大世界集聚区的国际竞争力的对策建议，提供一个可供参考的操作模式。我国演艺产业发展的市场规模增长迅速，但整体来看，行业仍处于探索发展阶段。因此，研究演艺产业各环节的集聚特征和组织过程，有利于规范我国演艺产业的空间布局与发展，使其科学地嵌入全球演艺产业版图。

第一章　国内外演艺集聚区历史沿革

演艺产业聚集发展经历了一个过程，这种形式最先出现在城市，大量产业集聚于此，形成了一定规模，自身也不断壮大，在此基础上吸引了更多产业资源，向此集中，同时也有助于利润扩散。通过这一过程使相关企业更为接近，大大提升了彼此的接近程度。[1] 本章以上海演艺大世界剧场群、纽约百老汇、伦敦西区，以及首尔大学路为例，详述国内与美洲、欧洲以及亚洲其他国家等地具有代表性的城市演艺集聚区的历史沿革。从中可以看出，演艺产业集聚在不同的社会环境与经济背景下，也具有不同的特点。

---

[1] 花建：《文化产业的集聚发展》[M]，上海：上海人民出版社，2011 年，第 4 页。

第一节　演艺大世界的演化轨迹

上海人民广场一带，在1949年之前曾剧院云集，在西藏南(北)路和南京东(西)路的交界，被称为“黄金十字线”，更是因剧场的集聚号称东方百老汇。这片区域，在鼎盛时期曾有多达34家为人熟知的剧场，如中国大戏院、天蟾逸夫舞台、大世界等。

第一阶段：早期上海演艺场馆分布格局——向市中心区集聚

在徐家汇的EMI百代唱片公司打工的青年进步作曲家聂耳，除白天做音乐制作之外，晚上经常为了观察生活而深入杨树浦和十六铺的工厂，在那里寻求灵感，为自己的创作做准备。《扬子江暴风雨》是聂耳那一时期的一部作品，就是在那里的一个礼堂进行了首演。当时他的演出活动范围从徐家汇起至杨树浦经过十六铺再到八仙桥，大致形成三角形布局，从左翼音乐艺术活动区，逐渐演变出了一个特殊区域，此处集中了大量的上海演艺场所。

当时上海的上流人士主要集聚在租界，因此演艺场馆也大多数是在那里。他们大量集中于苏州河南岸，在此处形成了一片特殊区域，并且逐渐发展起来。随着外贸在国民经济中的地位越来越高，上海也由此兴起，时值19世纪中叶，上海已经成为中国最大港口，在远东地区有着巨大的影响力，大量工业集聚于此，金融业的发展也势不可挡，也成为了人们的聚集之地。上海逐渐向国际化城市发展，市民阶层的形成促进了这一过程，工商业的发展带动了整个社会的进步，市民休闲娱乐的需求激发起来，娱乐消费场所如戏园、电影院、咖啡馆、舞厅等日渐流行。市民将各种艺术形式作为日常娱乐活动，为它们的发展奠定了基础。

20世纪30年代的上海，各行各业蓬勃发展，戏剧演艺同样如此，大量中外剧目集中于此，在这个大都市中展示自己的风采。中国传统曲艺经历了长期的发展，不断积累沉淀，形成自己的风格，在上海这个特殊区域内与新思潮相碰撞，彼此吸收，兼收并蓄，从而呈现出新的风貌，这也使得演艺活动越发活跃，各种场馆在这里建立起来，呈现出欣欣向荣的局面。它们主要集中在中心城区，也与上海的发展密切相关，随着工商业大都市的建立，上海展现出惊人的活力，也促进了演艺业的发展。

近代上海，戏园是人们经常光顾的娱乐场所，在全国戏曲界也有着举足轻重的影响力。早期主要以传统戏曲演出为主，如三雅园作为上海第一家的专业戏园，清同治三年(1864)开业，主要演出昆剧；专营徽剧的金桂轩茶园也于同年开设。上海第一家京戏院——满庭芳于1867年开幕。此后,19世纪70年代如新丹桂茶园、天仙茶园等在福州路附近开设的戏园,都是集中演出京戏的戏园。

20世纪30年代始,位于福州路附近的京班戏园渐渐淘汰,并称为上海四大京剧舞台的几大戏院逐渐崛起,包括大世界这个同时演出京昆越粤等地方戏、滩簧曲艺和电影的综合娱乐场所。它们高度集中在一个5平方公里的区域内,而这一区域就是当今闻名的黄浦区环人民广场一带。

第二阶段:演艺场馆分布变局——东西呼应

1949年上海解放后,上海城市定位为工业城市,空间规划必须符合上海这座城市目标的需要,资源配置也需要满足工业要求,这就导致了固化的模式出现。改革开放特别是上海城市发展转型升级后,文化建设提上应有的日程,当国际著名指挥家不得不在简陋的原市府大礼堂演出时,就已经表明了上海当时相较于现代化大都市文化投资和文化设施水平十分落后。

20世纪90年代发生了巨大变化,演艺场馆迎来了新的革命,原有的城市发展模式被打破,新的建设将带来更大契机。落后的工业板块已经不适应发展的要求,淘汰是最终的选择。由此涌现出一批拥有齐全功能的现代化演艺场馆。一批老牌文化演出场地也进行了改造和修复,这种变化不但发生在市中心,还出现在上海的郊区。

1994选址于中心城区最核心区域的上海大剧院开建，带动了周边的上海音乐厅等演艺场所的建设，形成了一体化的市中心综合性服务区。上海进入21世纪后，演艺场馆分布依旧可谓“西盛东衰”，仅有集中在浦西的3家甲级剧场。由此可见地域间深度不平衡的状态十分严重，经济和文化间存在逆差。为了扭转这种局面，适应上海市民的文化需求的不断增长，建造于2002年的东方艺术中心，作为第一个世界级剧场落户浦东，开始改变上海边缘区域文化演艺场馆建设和演艺场馆“西盛东衰”的局面。同时它与周边会展场馆及公园等文化旅游设施一起形成了浦东新的文化场馆的集聚。

自2009年8月，随着南汇区全部划入，浦东新区行政区划扩大，人口激增，市民对文化演艺场馆的需求进一步增大。世博文化中心，作为2010上海世博会“一轴四馆”中的重要建设项目入驻浦东，作为第五座甲级剧院，这大大改善了区域不平衡状态。以往浦东地区演艺产品相对匮乏，无法满足当地市民的需要，随着一系列场馆的建设，这种情况大大缓解。

第三阶段：演艺场馆分布战略跨越——辐射

闸北区（现并入静安区）是上海的老城区，一直以来缺乏演艺场馆，演艺产品也极其匮乏，为了改变这一局面，上海马戏城在此选址建立，成为老城区改造的一个重点项目。随着

《时空之旅》成功落地，该区将文化与经济和生态融合在一起，实行了全方位整合，形成文化、商业、旅游三方联合共赢的态势，闸北区的文化空间大大得到了扩容。

在新世纪，上海致力于建设现代化国际大都市，提出新的理念，先进制造业和现代服务业成为发展的重点。为此，必须提高城市的影响力和吸引力，使全球经济汇集于此。与此同时，社会文化生活也要发展，使其成为城市生活中重要部分，这样才能彰显出城市的魅力，吸引全球人才，在全球城市网络中脱颖而出。随着新的理念的提出，上海演艺场所的空间分布出现了第三阶段的变化，实现了大转变——依照上海“十二五”规划提出“多中心、多组团、开放式”的原则，文化空间布局从中心开始了向边缘的辐射。文化设施大格局的布局形成文化产业空间新格局。

第四阶段：从环人民广场演艺集群到演艺大世界

2016年初，黄浦区与上海市文化广播影视管理局签署“十三五”期间共同建设“环人民广场活力区”的战略合作框架协议。演艺大世界区域将被打造成为上海建设亚洲演艺之都和国际文化之都的核心地带，目标是成为最高剧场密度、最新运作机制、最优服务环境的演艺活力区，力争到2020年活力区正常运营剧场和展演空间数量比“十二五”期末翻一番，达到40家左右，再现如20世纪30年代繁华的“东方百老汇”繁盛局面。

在“十三五”剧场建设中，上海聚力用心打造的人民广场剧场群，已作为一个文化高地留存在上海人心中，上升成了上海城市文化名片。在2015年底，高达20个剧场和展演空间活跃在演艺大世界活力区中，其中，在以福建中、南路，金陵东、中路，黄陂北路、新昌路，北京东、西路，为东南西北端点，面积达1.5平方公里区域中，集聚了众多的剧场，并且能够正常运作。从中心开始无论东南西北，只需步行5到10分钟，就可以到达一座营运中的剧场，观看艺术表演。从建设以来，这个剧场群每年演出已经超过2 000场，票房收入也非常可观。最值得一提的是该区域形成了自己的特色，文化广场主要上演音乐剧，最多时每年接近300场；天蟾逸夫舞台成为上海京剧昆曲演出的集聚中心。根据规划，“十三五”未来五年将在上海大剧院、上海音乐厅、天蟾逸夫舞台等14个剧院基础上，再规划改造10个与新建10余个专业剧场和展演空间，使总数达到30余个，实现大、中、小型剧场合理分布，传统与现代表演样式互为补充，依托中心票房建立整合营销，打造“十分钟剧场步行圈”，使演艺大世界区域成为享誉国际的最具创新活力、市场潜力与品牌影响力的大型演艺集聚区。

近年来，拥有百年历史的黄浦剧场、中国大戏院、长江剧场等先后完成修缮改造并逐步投入运营，全市首批地方戏曲展演中心（天蟾逸夫舞台、大世界）和舞台艺术排练中心（白玉兰剧场)活力显现。现区域内正常运营的剧场和展演空间39个,初步形成活力中心以及外滩、创意码头、世博滨江、新天地、复兴路集群的"一中心、五集群"发展格局。其中,活力中心所在的人民广场周边1.5平方公里区域内,正常运营的剧场及展演空间21个,密度高达14个每平方公里,是全国规模最大、密度最高的剧场群。[1]

为贯彻落实市委、市政府打响"上海文化"品牌的总体部署,把人民广场地区打造成最具上海文化标识、最有国际影响的演艺集聚区,2018年8月,黄浦区与市委宣传部通过媒体公告、全球征集和部门推荐、专家研讨的方式,共同开展环人民广场演艺区征名工作。经反复讨论并报市委同意,环人民广场演艺区正式定名为"演艺大世界——人民广场剧场群",既传扬经典海派文化,延续同名建筑"大世界"百年历史、百戏纷呈的传统;又凸显区域演艺特质,构建各类剧场、剧团、剧种协同联动、融合发展的氛围;更展示未来发展雄心,努力成为演出资源最集中、演出规模最大、产业链最完整的世界级演艺集聚区之一。

2018年11月,中共上海市委宣传部与中共黄浦区委、黄浦区人民政府联合发布"演艺大世界"名称及三年行动计划纲要,并推动成立演艺大世界联盟。"演艺大世界——人民

[1] 《新民晚报》第10版,2019年11月1日。

广场剧场群”三年行动计划纲要提出，围绕加快建成上海国际文化大都市核心引领区、亚洲演艺中心核心示范区的战略目标，坚持以政治方向为底线，以追求卓越为取向，以多元融合为基础，以开放创新为主线，努力建设最“高”剧场密度、最“大”集聚效应、最“强”协同合作、最“广”市场空间、最“优”服务环境的演艺活力区。今后将落实五项重点任务：一是加强资源协同，打造信息共享传播平台。包含统筹演出资源、演出推广、票务营销等资源，体现集聚功能，凸显联动效应。二是加强文商旅协同，打造资源跨界联动平台。包含发挥“上海艺术商圈——艺蕴黄浦”“表演艺术新天地”“思南城市空间”等项目的引领作用，开发“演艺大世界”主题自助游、亲子游线路，推进演出、餐饮、住宿、商业零售及各类休闲娱乐活动跨界融合。三是加强产业链协同，打造演艺能级提升平台。包含强化前端剧目创作、加快专业人才集聚、加强演艺文创开发等，构建完整产业链。四是加强服务协同，打造展演孵化推广平台。包含深化公益普及平台、推广艺术教育平台、加大舞台资源开放、提升配套服务能级等，普及演艺文化，提升市民观剧水平和素养。五是加强监管协同，打造机制试点创新平台。包含简化审批程序、加强全过程监管等，营造良好发展环境。

第二节　百老汇演艺集聚区历史沿革

一、百老汇概述

百老汇(Broadway)是纽约曼哈顿区的一条大街,街道两旁及其附近包括时报广场在内的街区分布着各种类型的剧院,这些剧院每天都提供着世界顶级的舞台表演,是整个美国甚至全世界的戏剧集聚区。百老汇名为“伟大的白色大道”,以纽约市巴特里公园为起点,由南向北纵贯曼哈顿岛,全长 25 公里。这条大道的中心地带是在第 42 街时报广场附近,周围云集了几十家剧院。由于此路两旁分布为数众多的剧院,是美国戏剧和音乐剧的重要发祥地,因此成为音乐剧的代名词。

在百老汇大街 41 街至 53 街的剧院称为内百老汇,而百老汇大街 41 街和 53 街之外的剧院则称为外百老汇,内百老汇主要上演商业戏剧,外百老汇演出一般是非营利性的、低成本的剧目,但由于百老汇的集聚效应,内外百老汇的剧目开始趋同,于是又出现了“外外百老汇”,其剧目更加先锋。百老汇剧院区一般是指内百老汇,主要上演高雅的音乐剧、歌剧,以经典剧目为主。内百老汇表演的基调一般是黑色、夸张、幽默、风趣、自然、轻松、活泼。

内百老汇具有极强的商业色彩和娱乐性，因为是商业性戏剧演出，成本核算与投入可以高达数百万美元的制作费，因此呈现的是豪华炫目的舞台、业界超级明星，通俗易懂的剧情，构筑起了其音乐剧长盛不衰的骨架。商业主义至上的内百老汇常常唤起人们十分复杂的情感。很多重大的戏剧活动均在此举行，集聚效应使得这里人才荟萃，专家云集，展现出戏剧的独特魅力。内百老汇的剧目通俗易懂、娱乐性强，充分利用了各种政策手段大力发展文化产业，在市场火热的背景下，也将其科技和经济优势体现在文化产业的发展之中，内百老汇演艺产业的成功，也与其高科技的应用与大量资金投入有着不可分割的关系。结合高科技的舞台机械、灯光音响及其他舞台专用设备的应用，大制作可以创造出新颖独特、华丽壮观的舞台布景和气势磅礴、震撼人心的舞台效果，它们和剧情融为一体，展现出极其诱惑的魅力，吸引观众观看演出。成功的演出、优厚的回报，又使投资者愿意高投入。应用高科技、大制作，甚至可以为演一个戏量身定做，专门造一个剧场以求更丰厚的回报，从而实现良性循环，形成了内百老汇的火爆演出市场。

二、外百老汇与外外百老汇

20 世纪，由于不满百老汇剧院的商业气息，一部分戏剧界的精英离开制作费用昂贵的百老汇，到纽约市的其他地区，如格林威治村附近，利用附近的旧教堂、废仓库、地下室作为排演、演出的场所。外百老汇主要上演不为百老汇接受的实验性戏剧或前卫戏剧，也复演百老汇演出失败的剧目，并在导演、表演和演出风格上进行大胆探索，从而形成一个声势浩大的外百老汇运动。外百老汇的剧场一般规模较小，有时候演出效果要比百老汇的大规模剧场还要好，而且票价低廉，反而吸引了更多的观众到外百老汇看戏，其实验性质也为青年戏剧家提供了全新的尝试机会。但是随着低票价运营的压力，外百老汇也逐步被商业化，开始效仿百老汇，走上了高成本商业化的道路。

20 世纪末期，外百老汇走上了高成本制作的道路。商业性剧目日增，而艺术性剧目锐减，这一切使得外百老汇原有的剧作家和演员无法忍受，从而再度“外迁”，这次外迁延伸到布鲁克林区和皇后区。再次外迁后的剧作家与团队以极低的成本演出各种实验性戏剧。演出的剧目包罗万象，演出的费用极为低廉，有的演员甚至不拿薪酬，形成了“外外百老汇”，外外百老汇给美国戏剧的发展注入了一股新鲜血液。戏剧家通过外外百老汇的实验性戏剧表达思想和情感，目前外外百老汇大约有 130 多个剧场。[1] 经历上百年的变迁，形

[1] 百老汇官网，www.broadway.com.

成了内百老汇到外百老汇再到外外百老汇的戏剧集聚区，三者之间最重要的区分并不在于它们所坐落的地理位置不同，而在于经营理念和表演艺术风格的不同。这种集聚效应和各自的特点一方面是美国戏剧繁荣发展的体现，展现出这一行业内部发展的多样性和开放性，另一方面也将全国甚至全球的戏剧爱好者都吸引到了纽约的百老汇地区，成为了戏剧集聚区最成功与最典型的案例。

三、百老汇三大剧院集聚区的分布

百老汇剧院区主要由内百老汇、外百老汇和外外百老汇三大剧场群构成。从剧院规模来看，一般内百老汇剧院指的是席位数在 500 至 1 500 之间的剧院，外百老汇为席位数在 100 至 499 之间的剧院，而外外百老汇剧院指的是座位数少于 100 的小剧场。

从分布地区上来看，内百老汇剧院集中在曼哈顿市中心的剧院区，外百老汇则主要分布在上述剧院区外围以及百老汇大道的南端区域，外外百老汇则分布于曼哈顿岛的各个社区内。当然，也有一部分外百老汇和外外百老汇的剧场坐落在剧院区内，与内百老汇剧场交织在一起。在经营性质与演出剧目设置上，三者也有不同。区分内百老汇与外百老汇和外外百老汇，除了以座席数量和分布地区为依据外，主要看其经营性质是否为营利性。内百老汇是清一色的营利性剧院，票价较高；外百老汇和外外百老汇多为小型的非营利性演出，票价比较低廉。此外，内百老汇更多的是大制作的商业戏剧演出，而外百老汇与外外百老汇则以小制作的实验和先锋戏剧演出为主，风格多样，实验性和探索性较强。

内百老汇赫赫有名的41家剧院集中在东西向的西41街至西53街、南北向的第七大道至第八大道之间的区域，百老汇大道贯穿其间。这41家剧院的规模都在500席位以上，其中1 000席位以上的剧院占到约77%，只有9家剧院的席位少于1 000。这些剧院大都历史悠久，其中最早的剧院可以追溯到19世纪，几乎所有的剧院都在时间的洗礼下，进行过不同程度的修整和重建。目前，内百老汇41家剧院主要由5家公司经营，其中最为主要的是两大剧场集团：舒伯特集团和倪德伦集团。舒伯特集团掌握了内百老汇的18家剧院，其中只有3家的席位数少于1 000，其他的都是超过1 000席位的大型剧院，有3家剧院的席位数甚至超过了1 500。倪德伦集团在内百老汇拥有9家剧院，席位数均超过了1 000，其中超过1 500席位的有4家。在两大剧场集团之下，是朱詹馨剧院连锁经营机构，其在百老汇拥有5家剧院。旋转木马公司拥有2家剧院。Live Nation公司和迪士尼分别拥有1家剧院，除了曼哈顿剧院俱乐部的剧院的席位数小于1 000以外，其他三家的规模都超过了1 000，而且希尔顿剧院是百老汇的第二大剧院。[1] 值得一提的是，Live Nation 公司旗下的剧院，无论是在伦敦西区还是纽约百老汇，它的一个典型特征就是剧院的数量虽不多，但其规模绝对属于顶级。除了以上提到的这些剧院外，内百老汇还有两家独立的剧院，但规模不大。

20 世纪 50 年代，百老汇掀起“拒绝商业戏剧”的运动，那些想要推出前卫剧目，又不被内百老汇剧院老板认同的制作人离开了制作费用昂贵的内百老汇，前往纽约市的其他地区。他们利用附近的旧教堂、废弃的仓库、半地下室，作为排练甚至演出的场所。

1959 年，外百老汇剧院和制作人联盟成立，主要是为促进和培植外百老汇剧院的戏剧创作，帮助各成员进行信息交流。之后，该联盟重新对“外百老汇”做了专业的定义，专指那些席位数在 100 至 499 之间的剧场，或者是进行特别制作演出，且加入相关贸易联盟及契约的剧场。现在，外百老汇拥有 61 家剧场，主要位于百老汇剧院区周围南北向的第八大道和第十大道之间以及百老汇大道的南端这两片区域，基本上都是享受政府补贴的非营利性剧院。

外外百老汇可以说是对 20 世纪 50 年代外百老汇“拒绝商业戏剧”运动的延续。根据外外百老汇在线的统计，整个纽约外外百老汇剧场的数量为 563 家，其中经常演出的主要

---

[1] 百老汇官网，www.broadway.com.

剧场约为 80 家。这些剧场覆盖了纽约 5 个行政区的各个角落,但仍以曼哈顿岛为主。外外百老汇剧场以社区来划分,规模一般都不大,席位数一般小于 99,个别超过 100。[1] 从整个外外百老汇剧场的分布来看,一般社区分布有 1—2 家剧场,但也有例外的。曼哈顿东村和剧院区拥有剧场数量最多,分别达到 15 家和 12 家。东村位于纽约曼哈顿岛下东部,在 20 世纪中叶渐渐成为一个发展完善的艺术家街区,深受朋克文化的影响,一直是纽约先锋艺术的中心地带、前卫音乐和都市潮流文化先锋的基地之一,由此可想而知,更多是实验先锋戏演出会在东村上演。此外,曼哈顿艺术区切尔西及下东区分别拥有 5 家剧场。

经过 100 多年的发展,纽约百老汇已经形成了由内百老汇、外百老汇与外外百老汇组成的戏剧聚集区,剧场错落分布各自上演不同的戏剧,囊括了几乎美国戏剧的全部内涵,成为了美国全国乃至世界的音乐剧中心。

第三节　伦敦西区演艺集聚区的历史沿革

伦敦的剧院在英国宗教改革后繁荣发展。1576 年,詹姆

[1] 百老汇官网,www.broadway.com.

斯·勃贝奇在肖尔迪奇区建造了第一个永久性公众剧院——剧场剧院(The Theatre)。随后幕帷剧院(The Curtain)开业。这两个剧院因被威廉·莎士比亚的公司使用而出名。1599年,剧场剧院搬到南华克区,位于形成的不受市政府控制的新的剧院区域中,并且使用环球剧院的建筑物。1642年,在奥利弗·克伦威尔的领导下,清教徒迫使英国所有剧院关闭,包括环球剧院。1644年,清教徒在大规模关闭剧院两年后摧毁了环球剧院,取而代之的是廉价的公寓,直到1997年,一座现代仿造的环球剧院落成,命名为"莎士比亚环球剧院"。

在王政复辟时期(1660)之后,Duke's Company 和 King's Company 这两家公司被许可表演戏剧。戏剧表演在 Lisle 网球场等改造过的建筑物中进行。伦敦西区的第一家剧院——位于必列者士街的皇家剧院,是由托马斯·基利格鲁设计的,在目前的特鲁里街皇家剧院场地建造。它在1663年5月7日开业,9年后被一场大火摧毁。而后又被克里斯多佛·雷恩设计,并且被重新命名为特鲁里街皇家剧院。

特许剧院公司在19世纪占据戏剧市场垄断地位,而其他剧院仅可以表演音乐剧。然而,在19世纪早期,音乐厅娱乐设施变得流行,新闻节目主持人发现在情节剧类型上对非特许剧院限制的漏洞。由于情节剧伴随有音乐,因此情节剧没有违反《专利法》的规定。最初,这些娱乐设施位于附属于酒店的大型大厅中,但为特定目的建造的剧院开始在伦敦东区的肖尔迪奇区和白教堂区开业。

随着许多小型剧院和大厅的开业，伦敦西区（West End）剧院区域开始建立。在泰晤士河以南，滑铁卢路老维克剧院于1818年5月11日开业。伦敦西区剧院区域的扩展与《1843年剧院法》同步；《1843年剧院法》放宽了表演戏剧的条件限制。1870年4月16日，斯特兰德大街上的沃德维尔剧院开业。1874年3月21日，克里特利恩剧院在皮卡迪利广场开业。1881年10月10日，由理查德·多伊利·卡特在斯特兰德大街建造的萨沃伊剧院开业，该剧院专门表演吉尔伯特与沙利文的歌剧，5天之后，皇家喜剧剧院在莱斯特广场潘通街开业，3年后，该剧院的名称缩写为喜剧剧院，伦敦西区的剧院集聚区由此形成雏形。虽然后来又经历了二战的炮火，但基本保持了30年代的格局。[1]

如今的伦敦西区（London's West End）是与纽约百老汇齐名的世界两大戏剧中心之一，是表演艺术的国际舞台，也是英国戏剧界的代名词。准确地说，West End Theatre（西区剧院）特指由伦敦剧院协会（The Society of London Theatre）的会员管理、拥有或使用的49个剧院。这49个剧院除金融城的巴比肯中心（Barbican Centre）、南岸的国家剧院和老维

[1] Debra J. Rosenthal, "Performing the temple of liberty: slavery, theater, and popular culture in London", 1760 - 1850[J], *Journal of Transatlantic Studies*, 2016(3).

克剧院、摄政公园的露天剧院以及 Southwark 的莎士比亚环球剧院等少数剧院以外，大多数集中在沙夫茨伯里（Shaftesbury Ave）和黑马克（Haymarket）两个街区，方圆不足 2.5 平方公里，在商业和娱乐业高度发达的市中心形成了一个剧院区，这一剧院区也称为西区（West End）。伦敦共有剧院约 100 个，剧院区就集中了 39 个，[1]当之无愧地成为英国戏剧界的代称。在如此有限的区域内集中如此之多的剧院，在世界上只有纽约的百老汇可与之相比，而从历史传统来讲，西区要比百老汇悠久得多。

现代的伦敦西区“剧院区”延续了历史，主要在南部与斯特兰德大街接壤，北部与牛津街接壤，西部与摄政街接壤，东部与京士威道接壤，但一些其他的附近剧院也被视为是“伦敦西区”剧院，尽管是位于“伦敦西区”之外（例如威斯敏斯特的阿波罗维多利亚剧院）。著名的剧院街包括特鲁里街、沙夫茨伯里大街和斯特兰德大街。上演的作品主要是音乐剧、古典和现代话剧以及喜剧。

伦敦西区中的许多剧院都是维多利亚晚期或者爱德华时代的建筑，并且为私人所有。大多数剧院都有自己的特色，拥有宏伟新古典式、罗马式或者维多利亚式外立面和奢

---

[1] Debra J. Rosenthal, “Performing the temple of liberty: slavery, theater, and popular culture in London”, 1760 - 1850[J], *Journal of Transatlantic Studies*, 2016(3).

华、精细的室内设计和装饰。与现代新建剧院比较，座椅的腿部活动区往往比较狭窄，酒吧和厕所等设施往往比现代剧院小。建筑物受保护的地位及其受限制的城市区位，包括资金约束使大部分西区剧院在硬件设施上难以做出实质性改善。2003年，Theatres Trust估计需要在以后15年内投资2.5亿英镑(约22亿元人民币)以实现现代化，并且还有60%的剧院都有一些座位是不能完全看到舞台的。剧院所有者的税收减免请求未得到批准。自2004年起发生了一些事件：剧院的装饰灰泥掉落，或者由于需要紧急的建筑物维修(2013年12月阿波罗剧院天花板局部坍塌，此时的维修工作达到顶峰)表演被取消。在早些时候发生的事件中，只有一个事件导致人们受到伤害，而在阿波罗剧院，有76个人因受伤需要就医。伦敦剧院的悠久历史不仅在建筑上体现，经过百年的历史积淀，其戏剧集聚区的作用，也形成了和百老汇齐名的世界的戏剧中心。2018年全英剧院总计有6万多场演出，吸引观众3 400万人次，票房收入高达12.8亿英镑(约合112.7亿元人民币)，其中伦敦西区贡献了“半壁江山”——观众超过1 550万人次、票房收入7.6亿英镑(约合67亿元人民币)。[1]

---

[1] Debra J. Rosenthal, “Performing the temple of liberty: slavery, theater, and popular culture in London”, 1760 - 1850[J], *Journal of Transatlantic Studies*, 2016(3).

第四节　首尔大学路演艺集聚区的形成

韩国首尔大学路(University Road)地区目前在行政区划上位于首尔市钟路区内,是包含东崇洞、惠化洞、明伦2—4街和莲建洞在内的法定洞。过去朝鲜时代的最高教育机构成均馆坐落于此,此处还有大韩帝国和日本殖民时期的工业传习所和京城帝国大学,光复后建立首尔大学,因此有了今天大学路的名称。这样,一直作为教育空间发挥作用的大学路地区在1975年开始推动首尔大学搬迁,1979年搬迁完毕之后开始讨论首尔大学留下的建筑及周边地区空间利用方案。

由于首尔大学以前位于大学路,搬迁后留下的旧址,被政府充分利用起来,成为"艺术家之家"所在地。在这里有一些行政机构办公,他们的工作主要是扶持青年艺术家,发现一些有潜能的艺术家,给他们以机会,支持他们发展。在这里设置了一些露天表演区,主要位于周围公园内,艺术家们可以在此进行街头戏剧演出,不受时间限制。在这片特定的区域中,经常会有一些青年人的表演,行人可以随便观赏,成为了另一种风情。大学路在韩国戏剧发展中占有重要位置,许多艺术家曾经来过这里,进行街头表演,开始了自己的艺术之路。他们最开始在露天表演区进行表演,不断锤炼自己,发展起来;当达到一定程度后,就可以到小剧场进行表演,并借助这一机会逐渐成熟起来;在小剧场中,一些艺术家的表演为人们所欣赏,名气也会越来越高,这时会有人愿意资助他们继续发展,于是他们走进了中剧场,在那里经受千锤百炼,不断提高自己,进而走出大学路,开始在更广阔的天地展现自己。比如从大学路走出的曹承佑等影视明星。

1981 年,"韩国文化艺术振兴院"(现为韩国文化艺术委员会)和"文艺会馆大剧场"(即现在的 ARKO 艺术剧场)进驻现为 ARKO 艺术剧场的位置,在新村地区活动的演艺界人士和小演出场馆逐渐将其活动空间迁往大学路地区,从而开始出现以文艺会馆为中心的演出场馆密集化现象。目前 ARKO 剧场由韩国演出艺术中心主要运营,它们还举办了一些大学路专属艺术节项目,为扶持艺术团体进军海外开办了首尔艺术市场(PAMS),主要负责咨询、培养、调研等工作。另外有首尔文化财团进行扶持培养。

1985 年实施"年轻的大街"措施后,大学路地区慢慢被定位为文化空间,演出场馆正式开始群集于此,2004 年被指定为"文化地区"后,小型演出场馆急剧增加,目前其数量超过 100 家,成为演出艺术中心之地,其小型演出场馆密集度之高放眼海外也难寻先例。

以演出艺术为中心的东德女大和国民大学等艺术大学

校园搬迁至此，还有部分博物馆、画廊和电影院等在此运营，各种各样的文化艺术活动及文化节每年在此举办。另外，除韩国文化艺术委员会之外，韩国艺术文化团体总联合会（包括韩国话剧协会）、首尔话剧协会、艺术管理支援中心等与演出相关的援助机构密集于此，奠定了其作为集演出艺术的教育、援助、生产（创作）、媒介（流通）、欣赏（消费）于一体的文化艺术空间的地位。从钟路5街十字路口到惠化洞132番地此间区域长1.55公里，宽25—40米，却是遍布了153家剧场的剧场高密度聚集区，这段区域汇集了多个演出剧场及艺术机构，每天都在全力运行。这些剧场高度集中于此，数量众多，每天将会有上百个剧目在一个小区域内同时上演！而且这里的剧场规模参差不齐，有一些可以达到大剧院的规模，但数量相对较少，超过500席的仅有两家，相对于其他规模的剧场而言数量极少。另外还有300—500席的剧场，虽然数量较上述规模的要多，但也仅仅有20座。大部分为中小剧场，一般是100—300席，此类规模的数量最多，总数达到69座，占了全部数量的62%，甚至还有21座100席以下的剧场。上述剧场中，有77座专演话剧。另外还有剧场专门进行音乐剧表演，数量可以达到32座。其他剧院的表演剧目并不单一，有可能存在其他艺术形式，在某些情况下会零散上演。纵观这些剧场状况，大部分为地下剧场，位于地上的仅是一些规模较大的，而且数量不多。

第二章　演艺产业的生产要素

产业集聚区形成的根本原因在于集聚效应可以给区域内的企业带来较高的投资回报，生产要素的资源禀赋是产业集聚区形成的最初诱因。西方经济学在传统上将生产要素归结为土地、劳动力、资本和组织四种。随着技术的发展和制度的完善，技术、信息和知识等也被逐渐当作生产要素。本章参照传统经济学上对生产要素的划分，分别对应劳动力、资本、组织和土地要素，将演艺产业的生产要素归纳为人力要素、资本要素、基础设施要素和区位要素。不同于传统工业以土地资源为生产要素，土地对于演艺产业来说，特别是对于演艺产业集聚区来说，更重要的是地理空间上的区位优势。因此，本章将区位要素纳入演艺产业的生产要素来分析阐释。

第一节 人力要素

文化产业集群首先是人才的集聚,其次才是企业的集聚。演艺产业是一种知识密集型产业,因此,高素质的演艺人才、文化产业人才、管理人才以及相关复合型人才,对于演艺产业的发展有着重要作用。

一、国外典型集聚区的人力资源及管理

目前无论是伦敦剧院协会还是各大票务网站都没有关于伦敦剧院从业人员数量的准确统计数据。但2014年的伦敦剧院统计,联系了所有在大伦敦地区的专业剧院,要求这些剧院以2013年7月5日为节点,统计出整个年度所有参加过演出和排练的演员人数(包括音乐家)。最终统计数据显示全伦敦214家剧院共雇佣演员3 141人,全职剧院工作人员达到6 500名,另有5 000名以上的兼职员工和5 000名以上的自由职业者。这些人中伦敦西区的比例占到1/3以上。需要特别申明的是这些从业人员数据是被远远低估了的,因为是以剧院为单位进行的调研,还有许多并不需要直接在剧院场馆里工作的人员没被统计在内,如作家、作曲家、舞美设计、营销公司、公关公司、票务代理和制景

工厂。这个数据将会远远大于直接在剧院内工作的人员总数。

2014 年的伦敦剧院统计报告中还对比了伦敦地区与伦敦之外地区的从业人员人数,统计显示有多于 90%的演员是在伦敦就业。除演员外的剧院工作人员中有 89%的全职人员在伦敦的剧院工作,76%的兼职人员在伦敦的剧院工作,85%的自由职业者在伦敦的剧院工作。这里数据再次表明,大部分从业人员是高度集中在威斯敏斯特和卡姆登地区(这就人们通常所泛指的西区 West End 的板块)。其中威斯敏斯特地区的演员占比 45%,卡姆登地区的演员占比 12%,这说明全伦敦的演员中西区的演员人数百分比达到 57%。对于其他的剧院相关工作人员,44%的伦敦剧院全职就业人员集中在威斯敏斯特地区,8.5%在卡姆登地区,加起来有过半数的剧院全职工作人员集中在西区就业。从全英国 90%的表演艺术人才都集中在伦敦,而这些人中的 57%又集中在西区来看,可以确定打造演艺产业集聚区,必须先做到表演艺术人才的高度集中,因此,如何吸引和管理演艺人才是一个关键要素。

同时,国外几个典型演艺集聚区,都对演艺产业链上各个工种的从业人员有硬性的从业要求,比如,进入百老汇或西区专业的剧院工作必须先加入各行业工会。工会保证了人力资源的品质,只有通过他们的培训并获得合格资质的人才能成为工会成员。工会还作为管理方，代表其成员与各剧院进行合同的谈判和签署，以及协调日后的争端。美国表演艺术行业的工会，主要与百老汇剧院的各工种相关，因此通过以下工会的人员构成数量可大致推算出百老汇演艺集聚区的人才构成情况，并对行业协会和工会加以区分：

演员权益协会（Actors' Equity Association）；美国音乐家联盟（American Federation of Musicians）；美国音乐剧艺术家协会（American Guild of Musical Artists）；舞台导演和编舞家协会（Society of Stage Directors and Choreographers）；国际戏剧舞台工作者联合会（International Alliance of Theatrical Stage Employees）；戏剧宣传经纪人和经理人协会（Association of Theatrical Press Agents and Managers），以及布景艺术家联合会（United Scenic Artists），剧作家协会（Dramatists Guild）。

（一）演员权益协会（AEA）

演员权益协会（AEA 或 Equity，下称“演员工会”）成立于 1913 年，是代表美国 45 000 多名演员和舞台监督的工会。演员工会旨在促进、推广和培育现场戏剧，使这一艺术成为社会的重要组成部分。[1] 演员工会是美国演员和艺术家协会（Associated Actors and Artistes of America，简称 4A）的

[1] AEA, “About Equity”[EB/OL]. www.actorsequity.org/AboutEquity/aboutequityhome.asp.

一分子，4A是美国劳工联盟和工业组织大会（AFL－CIO）旗下组织的演艺工会组织群体。[1] 4A还包括银屏演员工会（Screen Actors Guild，简称SAG，代表在电影电视和数字媒体工作的演员）、美国电视广播艺术家联盟（American Federation of Television and Radio Artists，AFTRA，代表在电视、电台和数字媒体工作的演员和播音员）、美国音乐剧艺术家协会（American Guild of Musical Artists，AGMA，代表歌剧、舞蹈、音乐会演出的歌手和舞蹈演员），以及美国综艺艺术家协会（American Guild of Variety Artists，AGVA，代表如综艺节目和主题公园某些工种的演艺人员）。[2]

演员工会由一个理事会管理，这是由其成员选举出来的演员工会的最终决策机构，特别是对有关财务和政策方面的决策，并有权制定工会规则的补充宪章和章程。理事会雇有一名执行总裁，“负责监督实施全国性政策、合同谈判，以及与会员及公众的一般沟通”。演员工会还聘用3名地区总裁，负责监督各地区的演员工会合同和政策，地区办事处分别设在纽约州纽约、伊利诺伊州芝加哥和加利福尼亚州洛杉矶；在加利福尼亚州旧金山和佛罗里达州奥兰多市还设有办

[1] “美国劳工联盟和工业组织大会（AFL－CIO）是美国55个全国性和国际工会组织自愿联合的组织。”（美国劳工联盟和工业组织大会，“这是美国劳工联盟和工业组织大会”，www.aflcio.org/aboutus/thisistheaflcio）.

[2] “About Equity”，New York：Actors Equity Association，2006［EB/OL］，http：//www.actorsequity.org/docs/about/aboutequity_booklet_06.pdf.

事处。[1]

演员和舞台监督需要通过演员工会会员候选人程序才能成为演员工会成员，并且在演员工会的会员剧院工作一定的周数，方可授予会员资格。个人也可以根据演员工会合同成为会员（例如，受聘于百老汇），或如果成为其他4A工会成员满一年，并在该联盟辖下从事演员工作，就可以成为演员工会会员。演员工会会员须缴纳入会费，工会每半年收取会费和工作费。半年度会费每年支付两次，而工作费是从收入中支付的，在支付具体数额之后，达到上限即无需继续支付（即止付）。这些会费收入用于支持工会的工作，包括集体谈判和组织活动。

演员工会成员享受一定的合同利益，如医疗和养老福利，他们在完成一定周数的工作后，就可获得这些福利。演员工会还为其成员建立了试镜制度，确保所有成员都有竞争职位的平等机会。为了帮助其成员在获得演出机会之间的过渡时间不至于失业，演员工会建立了一套演员工作方案。相关服务还包括帮助舞者从表演到非表演职业的过渡（这两项举措现在由美国演员基金管理，这是一家帮助娱乐行业演员的服务性组织）。演员工会还针对会员的需要提供其他服务，包括税务筹划和失业、残疾保险申请的协助等。[2]

---

[1] "About Equity", New York: Actors Equity Association, 2006 [EB/OL], http://www.actorsequity.org/docs/about/ aboutequity_booklet_06.pdf.

[2] "About Equity", New York: Actors Equity Association, 2006 [EB/OL], http://www.actorsequity.org/docs/about/ aboutequity_booklet_06.pdf.

除了通过工会直接管理的项目，演员工会还建立了基金会，即演员工会基金会，负责筹集资金、分发赠款，以支持演员并促进现场演出活动。支持诸如非传统演员征集项目（支持多样性的演员征集，现被称为艺术包容性联盟 Alliance for Inclusion in the Arts）和美国演员基金（帮助演员，维护位于新泽西恩格伍德的演员公寓和养老院以及位于纽约西 57 街的欧罗拉居所）。与演员工会相关的另一个慈善组织是百老汇关怀/演员工会对抗艾滋病组织 Broadway Cares/Equity Fights AIDS（BC/EFA），这家组织服务于感染了艾滋病毒/艾滋病的个人，通过演出筹款和其他活动筹集资金为遭受艾滋病毒或艾滋病感染的娱乐行业从业人员提供服务。[1]

由演员工会集体谈判的协议涵盖了各种各样的剧院，包括百老汇制作和隶属于制作合同的全国巡演、非百老汇制作、属于驻地剧场联盟合同的地方剧院、股份剧院，以及面向年轻观众的剧院。除了这些集体谈判协议，演员工会还颁布由工会确定条款，规定无需通过集体谈判过程的合同。如果雇主希望根据该合同聘用雇员，就必须遵守这些条款，例如，用于开发新作品的培训班协议。演员工会合同涵盖了许多不同类型的工作场所，因而这些合同所提供的工资和福利范围很广，最高可达制作合同的最高谈判价。然而，每个合同

---

[1] "About Equity", New York: Actors Equity Association, 2006[EB/OL], http://www.actorsequity.org/docs/about/aboutequity_booklet_06.pdf.

都有一些通用术语，演员工会给出的定义如下：

• 合同：包含几份单独的雇佣合同，涵盖演员工会的三个工作类别：主演、合唱团和舞台监督。每份单独雇佣合同都有索引，并采用特定规则手册中的所有条款。

• 最低标准（主演）合同：这一合同（通常被称为“白”合同）可用于所有主要演员和大部分舞台监督。（制作和非百老汇协议使用单独的舞台监督合同形式。）

• 替补（主演合同）：一些协议中要求替补工作，以便保障其他主要表演员的角色或部分。只有在单独的雇佣合同中约定了这种额外责任的时候，演员才可以作为替补演出。“一般替补”是雇来替补一个或多个角色的，并不定期在节目中演出。

• 定期合同（即上演期间合同）：约定固定保证期限雇佣关系的合同，期限由雇主和个人演员双方协商同意。在这段时间内，任何一方都不能终止合同。作为这一保证的代价，定期合同的费率比标准的最低标准合同要高。

• 最低标准合唱团合同：这一合同（通常被称为“粉红”合同）适用于主要对象是合唱团的演员。

• 备用（合唱合同）：备用是不参加演出的，但可代替缺席的合唱团成员的演员。（也可能分配备用演员去替补主要角色及/或合唱部分和特别角色。）半备用演员则是指被分配在一定数目的演出中替补缺席的合唱团成员的演员。

• 最惠条款：这个术语指的是特定的附加合同条款，可由演员和雇主谈判。这种附加条款一般规定，如果其他特定演员获得更好的条款条件待遇，那么签订合同的演员也应享有相同的条款条件(包括薪酬标准、旅行和/或住房条件)。

• 打斗队长：有些协议需要一名打斗队长，也就是负责维护打斗编舞动作并确保参加舞台上打斗表演的人员安全的剧团成员。

• 额外演员：如果协议允许使用额外演员，额外演员只可提供氛围和背景。额外演员不能是特定角色，并且不可要求其变妆。额外演员的薪水较低，通常是最低标准的50%。

• 舞蹈队长：舞蹈队长是负责所有音乐和舞蹈艺术标准的剧团成员，确保维持原创制作的风格、意图、技巧和能量。舞蹈队长负责排练和准备所有AB角、备用演员和替补演员，协同舞台监督确保传达和维护艺术人员的创作意图。

• 代表：代表与舞台经理一同作为选举出的公司成员，负责促进演员工会和公司其余部门之间的沟通配合。由公司通过多数表决选出代表，通常是在排练的第一天。这一选举由舞台监督进行。代表负责通知演出人员有关程序和规则，并将问题向舞台经理或演员工会员工反映。代表和成员们不应该直接向管理层投诉或反映有关工作条件或规则的问题。发现问题时，舞台监督或演员工会业务代表将代表会员联系管理层。代表和舞台监督会通知演员工会可能存在的违规、投诉，或回答任何公司成员可能提出的问题。但是，未经演员工会事先书面授权，不得变更或修改任何工作规则。代表和公司成员应始终避免与管理层的直接对抗，而应与舞台监督共同试图解决所遇到的问题。

• 正当理由：大多数协议都会以某种形式规定“正当理由”终止条款。规则规定，在指定时间段之后，如果没有正当或充足理由（正当理由）终止某人的雇用合同，雇主将被处以巨额罚款。

• 裸体规则：是一系列关于在面试、彩排和表演中演出人员裸体出演的指引和限制，存在于大多数协议中。这些规则是特别设定的，目的在于减少娱乐圈性骚扰的风险。

• 舞台监督：舞台监督的职责包括：在排练和演出期间协调演出制作；演出开幕后维护导演的艺术意图；调度替补演员或复习排练，并与助理维持剧团内部秩序。舞台监督还须整理并维护提示书（演出/舞台业务的准确文本）、提示表、剧情和其他必要的日常记录。此外，舞台监督负责记录出勤、病假、伤假、职责调整以及其他工作相关问题。

尽管演员工会积极为其成员提供服务，并努力确保他们的就业，但对于演员工会成员来说，获得就业始终是一个挑战。艾伦·艾森伯格指出，作为一名演员，你总是在找工作，总在试镜，就业一定是间歇性的。工会成员每年平均工作周数 17 周，工会一直在努力提高演员的工作周数。例如，为了消除不断增加的非工会演员的巡演的影响，创建了实验性的巡演计划，收费比驻演时期要低；还通过管制在本国工作的外来演员（非美国公民）数量来保护就业机会，特别是在百老汇。在本地工作的外国演员必须是公认的明星，具有本地无法复制的特别技能，比如《狮子王》中的非洲演员，或者创建交流项目作为交换，让美国演员在外国演员的国家获得平等就业机会。

（二）美国音乐家联盟（AFM）

美国音乐家联盟（AFM）成立于 1896 年，代表整个美国和加拿大地区受雇于直播和录制表演节目的音乐家。其使命声明中包含：

- 我们必须采取直接行动，证明我们的力量和决心；
- 组织未加入组织的音乐人，让他们获得工会集体的益处，同时确保行业和劳动力市场的管制；
- 通过合同谈判并以其他方式运用集体力量改善工资和工作条件，扩大音乐家在工作场所决策中的作用，并建立一个更强大的工会；
- 建立政治权力，确保音乐家在各级政府具有话语权，创造经济机会，促进社会正义；
- 为成员参与和参加强大民主的工会提供有意义的路径；在工会各级发展训练有素而积极进取的领导，通过多样性反映成员意见；

• 建立联盟，声援分享我们对社会和经济公平关注的其他组织。

AFM由一个国际执行委员会治理。“AFM国际部官员供职于执行委员会，每三年由AFM大会代表选举。选举国际官员的代表本身是由当地的AFM成员选举出来。”AFM由逾250个“地方分会”组成，这些地方工会在特定的地理区域内具有管辖权。[1]

音乐家可以通过向当地工会提交申请表，并支付所需的入会费加入AFM；加入工会不需要其他资格。加入AFM后，成员也必须支付年费和工作费。AFM会员有资格通过当地工会享受养老金和医疗福利，这取决于该成员的工作合同。会员还可以通过如GoProMusic（AFM的在线经纪和推荐项目）和行业试镜广告等服务在就业上获得帮助。工会成员还有机会与其他成员加强专业沟通。此外，AFM还为其成员提供廉价的乐器保险。[2]

由于AFM代表所有的音乐家，许多不同类型的音乐人都成为会员。AFM的成员包括在百老汇或巡回剧场表演的音乐家、乐团音乐家、歌剧音乐家、巡回演出音乐家、备选表演者，以及爵士乐音乐家。甚至有一些摇滚艺术家也加入了

[1] 美国音乐家联盟，“国际执行委员会”[EB/OL]，www.afm.org/about/international.

[2] 美国音乐家联盟，“国际执行委员会”[EB/OL]，www.afm.org/about/international.

工会,从而利用AFM所提供的服务。由于其成员的多样性,AFM分有各个部门,包括巡演、剧院,以及经纪部门,并且覆盖巡演工作的音乐家,如在戏剧巡回演出、巡回音乐会以及马戏团工作的音乐家。交响服务部门支持在交响乐团和歌剧中工作的古典音乐家。为了管理录音合同,AFM还有一个电子媒体服务部门。

成员覆盖范围广也意味着并非所有AFM成员都能根据集体谈判协议获得保障。帕特里克·格林(Patrick Glynn)指出,一些成员甚至可能并非全职音乐家。“我们的成员可能在工作日时是名教师,周末为婚礼或在餐厅或是在街上演出。对于这些成员,我们有工资费率和工作条件的指南性示范合同可以使用。另一方面,我们有一年工作36或52周的专业音乐家成员,因此,我们还有保障这些成员的集体谈判协议。”举例来说,被称作小册子B的集体谈判协议是与百老汇联盟协商达成的涵盖戏剧巡演的协议。小册子B是将工会作为一个整体协商的,各地方工会可以建立自己的集体谈判协议。例如,802分会(Local 802)相当于代表纽约市音乐家的当地工会,就和百老汇联盟签订有集体谈判协议,涵盖百老汇的制作工作,而达拉斯-福特沃斯的Local 72－147分会与得克萨斯州和俄克拉荷马州的乐团、歌剧团以及剧院有集体谈判协议。一些AFM合同允许替代,让音乐家们可以就具体数量的演出为自己找到替代者;替代有助于缓解长期运行的聘用关系的重复性质(如在长期运行的百老汇或巡回演出的乐池工作),并允许音乐家受聘于其他更具挑战性或更有利可图的演出活动。

百老汇合同还规定每个音乐剧录用音乐家的最低人数,这个最低人数是针对特定的百老汇戏剧的。AFM认为,这个最低人数代表了一个完整的百老汇音乐剧的声音;制作人声称,他们并不需要聘请工会要求的那么多音乐家。为了解决制作人这一问题,802分会和百老汇联盟于1993年达成协议,允许演出中使用小型乐团,但前提是具体节目的艺术和音乐有此需要。这个协议采用了一个评审委员会,由百老汇乐团、编曲和音乐总监组成,他们审查任何想要使用小型乐队的节目的音乐需要。这个过程持续了十几年,诸如《乔乐无穷咖啡馆》(Smokey Joe's Cafe),《浑身是劲》(Footloose),《妈妈咪呀》(Mamma Mia!)等演出都基于音乐要求被允许使用小乐团的权利。在2003年与802分会的集体谈判中,制作人要求免除所有最低人数要求以及审查程序。由于未对最低人数达成协议,Local 802举行了罢工,IATSE、Local On和演员工会也加入了罢工;罢工在4天后结束,制作人同意保留最低人数要求,另一方面工会同意减少其要求的音乐家人数。[1]

---

[1] "Broadway Musicians Union Sets Strike Deadline"[EB/OL], www.CNN.com, 8March 2003, www.cnn.com/2003/SHOWBIZ/03/08/broadway.strike,apjindex.html.

就像表演艺术家组成的其他工会一样，AFM 的工作理念是为其成员增加就业机会，并且必须解决实践中限制就业的问题，如非工会巡演和虚拟乐团，这些乐团用电脑录音取代一些音乐家的表演。帕特里克·格林（Patrick Glynn）解释了雇主应当聘请专业的工会音乐家演出的原因：如果制作人使用非工会人员或用电脑录音替代音乐家，他们也就降低了演出的标准。如果我们让观众坐下来听一个完整的乐团，再听减少了乐团人员而用录音替代的演奏，他们是能清楚感受到区别的。作为音乐家联盟，希望为观众提供最佳的音乐体验，而不仅仅是一场凑够人数的演出。

（三）美国音乐剧艺术家协会（AGMA）

美国音乐剧艺术家协会（AGMA）由歌剧演唱家们创立于1936 年，代表在歌剧、音乐会、舞蹈，包括百老汇和非百老汇制作的主要由舞蹈或歌剧音乐组成的节目（如 2002 年百老汇制作的《波希米亚人》）的演出人员。像演员工会一样，AGMA 是根据美国劳工联盟和工业组织大会建立的美国演员和艺术家协会的一分子。AGMA 涵盖舞蹈或歌剧公司所雇用的歌手和舞者，以及舞台监督、导演和编舞。AGMA 的歌剧演员，就像演员工会的演员一样，有根据剧组承担不同的具体工作职能。歌剧表演者包括主演艺术家（独奏）、合唱团成员（合唱）、编外人员（额外演员）。在芭蕾舞团中，AGMA 成员则分为领舞演员、独舞演员和芭蕾舞团（舞团）成员。

AGMA委员会由工会成员组成，经过会员选举产生，负责建立工会的基本目标和政策，负责监督工会合同、工会经费的管理，并保护所有会员免受不公平或不安全的工作实践和条件带来的风险。信誉良好的任何现有成员都有资格竞选委员会席位，委员会三年一个周期，每两年举办一次全体官员（包括1名全国主席、5名副主席、全国秘书等）的选举。委员会代表由地理区域确定，每个地理区域按该区域的会员人数比例推选代表。AGMA在纽约州纽约、宾夕法尼亚州费城、华盛顿特区、佛罗里达州迈阿密、伊利诺伊州芝加哥、加利福尼亚州洛杉矶和旧金山，以及华盛顿州西雅图都设有地区办公处和专业工作人员。

和AFM一样，要成为AGMA会员必须提出加入工会的申请，而且须缴纳入会费、年费和工作费。AGMA国家执行理事艾伦·戈登（Alan Gordon）指出其会员的独特性："首先，AGMA禁止其成员接受非工会的工作。其次，进入AGMA是完全开放无歧视的。现场表演艺术家可以在其职业生涯的任何时点加入，获得会员权益和试镜机会。我们不要求表演者在加盟AGMA之前就有工会工作。最后，AGMA也认可歌剧舞蹈的国际性范围，并欢迎外国表演者加盟，允许他们在美国剧团演出，而不是排斥他们。"[1]

---

［1］ 美国音乐剧艺术家协会，新会员资料册（纽约：美国音乐协会艺术家，2007年）［EB/OL］，www. musicalartists. org/Memberlnfo/Hand-book%205-29-07. pdf，5.

AGMA已经与一百多家歌剧和舞蹈剧团分别进行了集体谈判协议,如大都会歌剧院、波士顿芭蕾舞团和旧金山歌剧院。由AGMA的谈判专家负责合同谈判,他们可得到各个谈判单位的谈判委员会协助。如果一名艺术家受雇于一家有相应AGMA集体谈判协议覆盖的剧团,根据联邦法律,就必须成为AGMA会员。提供给AGMA会员的权益包括:排练和加班工资;工作时间监管;休假和病假工资;低成本医疗待遇。需要经济或社会服务协助的AGMA会员可获得AGMA紧急救援基金、美国演员基金,以及舞者职业过渡的救助,所有这些福利待遇由AGMA会员提供部分资金的。大部分AGMA签下的雇主有仅供AGMA会员的试镜,而AGMA会员可参加此类试镜。

AGMA也为尚未成为工会会员的表演艺术家提供服务。艾伦·戈登(Alan Gordon)解释了AGMA的政策:“我们认为,伤害到某个地方某一名歌手或舞者的事情,也会伤害到所有地方所有的歌手和舞者,所以我们有准备并愿意帮助任何陷入麻烦的表演者,无论他是否具有会员身份。我们促进和保护歌唱和舞蹈演员的义务超越工会会员的界限。同时,我们所帮助的非工会会员歌唱和舞蹈演员都会愿意组成工会,成为会员。”[1]

---

[1] 美国音乐剧艺术家协会,新会员资料册(纽约:美国音乐协会艺术家,2007年)[EB/OL],www.musicalartists.org/Memberlnfo/Hand-book%205-29-07.pdf, 5.

（四）戏剧宣传经纪人和经理人协会(ATPAM)

戏剧宣传经纪人和经理人协会（ATPAM）成立于1928年，代表宣传经纪人、剧团经理人以及剧场经理。ATPAM 18032分会（Local 18032）隶属于国际戏剧舞台工作者联合会（IATSE），就此而言，ATPAM与IATSE内其他本地工会的不同之处在于其对宣传经纪人、剧团经理人以及剧场经理按职业而非按照地理位置划分管辖权。

ATPAM分为两类：经理人和宣传经纪人。会员根据其获得会员资格的类型划分，且在加入会员后三年内不能接受另一类型的工作。ATPAM的运作由理事会管理，其中包括10名会员（每类型5名）。官员及理事会成员由会员选举，任期为一年。

ATPAM与百老汇联盟协商以下集体谈判协议：最低基本条件协议，该协议涵盖在百老汇和参加全国巡演的剧团及剧场经理人；协议备忘录，其中包括在百老汇和参加全国巡演的宣传经纪人。此外，“ATPAM范围以外的多家机构性和地区文艺场馆协商有单独协议，包括肯尼迪中心、布鲁克林音乐学院和卡内基音乐厅，以及其他”。[1]

剧团和剧场经理人可先作为非会员见习经理加入ATPAM。在根据ATPAM和百老汇联盟的最低基本协议

[1] 戏剧宣传经纪人和经理人协会，“ATPAM协议”[EB/OL]，www.atpam.com/Services.

(MBA)雇佣一名会员的时候,可雇佣一名非会员见习经理(NMAM)参与百老汇演出或全国巡演,意即除了聘请 ATPAM 会员,另聘请 NMAM。雇主必须提交合同备案,并在同一时间,NMAM 必须支付一笔不可退还的注册费。为了获得工会会员资格,NMAM 必须在不少于两个不多于三个演出季连续期间累积至少 52 积分周的有效合同。每个演出季需积累不少于 10 个不超过 42 个积分周。任何 NMAM 如果未能在连续三个演出季完成要求,将被退出计划。每个演出季是在劳动节开始。在 52 个积分周积累完成后,所有 NMAM 必须通过口试和笔试方可入会。此外,根据标准 ATPAM 合同受雇的任何宣传经纪人或经理人都可加入,但必须由理事会批准。ATPAM 成员必须缴纳入会费(NMAM 如参加培训讲座,则可获得会员资格积分)、年费和工作费。ATPAM 会员可获得的福利包括医疗和养老福利,以及参加培训研讨会和获得继续管理培训的奖学金。[1]

(五) 国际戏剧舞台工作者联合会(IATSE)

国际戏剧舞台工作者联合会(IATSE)早在 1893 年就通过了其工会章程。尽管 IATSE 代表的是隶属于全国各地方工会(按地点指定的)的舞台工作人员,它也代表其他戏剧人才,如 ATPAM 的宣传经纪人和经理人(IATSE,18032 分

[1] 戏剧宣传经纪人和经理人协会,“ATPAM 协议”[EB/OL], www.atpam.com/Services.

会)。在这里我们要讨论的是代表舞台工作人员的 IATSE，这些工作人员包括参与舞台建造、灯光、道具以及吊杆等演出要素(悬挂在舞台上方的吊杠的制作要素)制作的人员。

“IATSE 的最高权力机构是四年一度的代表大会。每隔四年，由当地工会选出的代表举行大会，评审组织的工作进展，肯定或更改其政策，制定未来计划；并更新其宪章和规则。”[1]IATSE 分为 14 个区，分别覆盖美国和加拿大的特定区域。这些地方工会监测其区域内的感兴趣领域并在四年一度的代表大会前夕举行会议。在大会之间的期间，IATSE 管理委托给其总执行委员会负责，委员会由国际主席、秘书长、资产负债管理人和 13 位副主席组成。委员会每年至少召开两次会议。日常的 IATSE 事务管理由国际主席负责，下属人员包括主席助理以及在美国和加拿大各个地方工作的国际代表。

要成为 IATSE 会员，舞台工作人员首先要加入他们的地方工会。他们可以是由具有与 IATSE 集体谈判协议的组织雇用的，或者如果本地工会有学徒计划，他们可以通过参加学徒计划成为会员候选人。加入工会后，会员必须支付入会费及年费；一些本地机构还要求支付工作费。根据地方工会的具体情况，IATSE 的会员可能有资格获得养老金和医疗

[1] 国际戏剧舞台工作者联合会，“关于国际戏剧舞台工作者联合会”[EB/OL]，www.iatse- intl.org/about/about.html.

福利，并且可能有机会获得培训计划或学费报销，培训目的是提高他们作为舞台工作人员的技能。

IATSE 的本地工会与各种雇主都有集体谈判协议。例如，IATSE1 分会与百老汇联盟（百老汇制作）有集体议价协议，也与大都会歌剧院和卡内基音乐厅有集体谈判协议。许多 IATSE 合同都要求的“内部”舞台工作人员的最低数量（也就是由剧院业主，而不是制作人雇用的工作人员），可以在剧院上演节目的时候被调来工作；这些最低数量人员通常包括木工、灯光、道具负责人，以及吊杆部门，统称为“基本员工”（基本员工以外聘请的舞台工作人员被称为“临时人员”）。另外，许多合同要求每次调用支付舞台工作人员至少四个或八个小时的工作薪金，即使工作本身并不需要那么多时间。IATSE 对此辩称，最低调用工作时间允许会员在“每次被调去工作的时候都能获得体面的一天的工资”，但是，最低调用工作时间有时被管理层视为要求对没有必要的制作工作时间付钱。[1]

2007 年 11 月，IATSE 的 1 分会在与百老汇联盟就工作规则、最低调用工作时间以及调用工作执行任务问题上的谈判进入僵局后开始罢工。罢工持续了 19 天，除了 4 部剧目，所有百老汇制作剧目都不得不停演。最终双方就以下几点

[1] 国际戏剧舞台工作者联合会，“关于国际戏剧舞台工作者联合会”[EB/OL]，www.iatse-intl.org/about/about.html.

达成了协议：降低了进场期间每日舞台工作人员的最低数量要求(替代在整个进场期间必须保持进场第一天雇用的舞台工作人员数量的要求)；各场演出之前的调用工作时间从一小时延长到两小时(称为“连续性调用”)；以及“远高于联盟提出的3.5%的每年(工资)涨幅”。[1]

(六) 舞台导演和编舞家协会(SSDC)

舞台导演和编舞家协会(SSDC)于1959年注册成立。SSDC是为了提高舞台编导和编舞艺术的标准，肩负广泛的目标作为全国性的独立工会成立的，旨在发展编导及编舞专业人员之间的沟通，建立传播相关编导和编舞的思想和交流的渠道，帮助编导及编舞的发展和培训；提高这些艺术的专业性和公众地位，发展所有鼓励实现以上目标的条件。SSDC由30名成员组成的执行委员会管理，委员会成员及官员是由会员选举产生的。执行委员会包括来自东北部、东南部、中西部、西南和西北地区每个地区至少一名地区代表；在候选人提名之前，由委员会确定各地区内各州的候选资格。执行委员会委任执行总裁“负责协会的工作人员和运营管理”。[2]

编导和编舞在根据SSDC合同就业或证明其具备专业经验后，即成为SSDC的成员。SSDC的执行总裁芭芭拉·

[1] 国际戏剧舞台工作者联合会，“关于国际戏剧舞台工作者联合会”[EB/OL]，www.iatse-intl.org/about/about.html.

[2] 舞台导演和编舞协会网站[EB/OL]，www.ssdc.org.

豪普特曼(Barbara Hauptman)和合同管理负责人蕾内·拉舍尔(Renee Lasher)说:“SSDC 不拒绝任何专业导演和编舞的会员资格申请,但我们会建议申请人只有经常性地在专业场馆工作,他们的入会投资才是最有价值的。”通过合同备案,SSDC 成员有资格获得养老金和医疗福利。除了正式成员,还可成为准会员。准会员是出于教育和信息目的设置的;准会员不需备案合同,也不会获得任何的正式成员的福利。“准会员可收到 SSDC 通讯,参加舞台导演和编舞基金会活动的邀请和享受折扣,并获得 SSDC 网上目录。网上目录包含所有会员(正式会员和准会员)的联系信息,以及工作列表。制作人也可以订阅这个目录。”舞台导演及编舞基金会(SDCF)是一个独立的非营利性组织,旨在“促进、推动和发展舞台导演和编舞的创意和技能。SDCF 的目标是提供导演和编舞之间交流知识的机会;提供实践编导和编舞技艺的机会,以促进这个行业的新兴人才,收集和传播技艺和职业信息,并提高人们对于编导及编舞作品价值的意识”。[1] SDCF 通过如观察人计划(给编导新秀配一名更成熟的导师编导,观察他编导演出的过程)、导演/编舞网络会议和导演/剧作家交流等活动实现这些目标。

SSDC 与百老汇联盟(百老汇演出和全国巡演)、驻地剧

[1] 舞台导演和编舞协会网站[EB/OL],www.ssdc.org.

院联盟(LORT)、非营利剧团协会(ANTC,代表纽约市的小剧团)和常驻剧院(stock theatre,指有常驻剧团演出固定节目的剧场)等多雇主谈判团体建立集体谈判协议。此外,SSDC与各单独制作人有独立制作人协议,通常是与集体谈判协议捆绑的,并反映这些协议的条款。

SSDC的最大问题之一是保护其成员的产权。SSDC多年来关注保护其成员的知识产权。因为导演和编舞的工作不具备永久的有形形式,版权是很难证明的。通常情况下,任何受版权保护的作品必须有一个"有形的表达",如手稿或录音。SSDC主席帕梅拉·柏林(Pamela Berlin)解释了导演及编舞如何表达自己的创造性的工作。"没有人能拥有艺术作品的想法或概念。我们能拥有的是我们如何带来这些概念并加以体现,即执行这些想法,但前提是这种执行是原创的或独一无二的。我们不能对将一出戏设定在一个特定地方,或以现代服饰上演哈姆雷特拥有所有权,但如何更全面地在作品中执行这些选择,也就是舞台动作、具体的道具,甚至是与设计师协作的决策等,都会上升到产权层面。"[1]

到了1983年,导演和编舞决心拥有自己的工作成果,而制作人要支付使用费才能获得授权或使用这些成果。所有SSDC集体议价协议都有一条产权条款,其中详细介绍了制

[1] 帕梅拉柏林,"我们的联盟产权,"SSDC票据,2007年5月/6月。

作人可以使用导演或编舞的工作成果的方式。例如，在与LORT达成的集体谈判协议中，产权条款是这样写的："由导演或编舞在其据此协议服务期间构思的导演和编舞的所有权利，自其创作之时，且将持续为该导演或编舞的独有财产；但是在此理解基础上，剧院及其被授权人应具有永久性的不可撤销的许可，以在任何该剧目的舞台制作中使用这样的导演和编舞，前提是该导演和编舞根据适用的SSDC最低基本协议获得付款（或专利权使用费）。剧院额外使用或授权导演和编排须经剧院和导演及/或编舞进一步协议。"[1]剧院不得出版舞台编导和编舞。最后，产权条款还赋予了导演和编舞对于其工作成果的著作权权利。

（七）布景艺术家联合会（USA829）

布景艺术家联合会（USA829）始建于1897年。"USA829成员是电影、戏剧、歌剧、芭蕾舞剧、电视节目、行业展示、广告和展览工作的布景、服装、灯光、音响设计师，布景艺术家、协调员以及工匠，通过联合会，他们能够共同维护标准、工作条件、工资和创造性权利。在一个一直以来被高失业率、繁重工作和薪酬支付不严格所困扰的行业中，非常需要这种保护。"[2]

---

[1] 舞台导演和编舞协会，驻地剧场联盟集体谈判协议，2005年4月15日-2009年4月14日（纽约：舞台导演和编舞协会，2005年），www.ssdc.org/LORT_05-09.pdf，27-28.

[2] 布景艺术家联合会，一般入会信息-东部地区（纽约：布景艺术家联合会，2007年），www.usa829.org/USAIpdf/Exams/Eastern/2007-General-Entrance-Info-East-B.pdf.

USA829 的合法剧院商务代表西西里亚·弗里德里克(Cecilia Friederichs),还特别提到作为专业人员工作的设计师:“设计师不只是业余爱好者,他们是专业人员,经常要同时在两三个演出中工作,才能过上体面的生活。设计师对现场表演的贡献是至关重要的。我们生活在一个电影的世界。人们一生都在盯着电视。演出的视觉和听觉设计师对于演出体验来说是不可或缺的。”像 ATPAM 一样,USA 是隶属于 IATSE 的本地机构(USA829 分会),区别于本地工会,其管辖权限定于设计师这一行业,而不是根据地理位置来划分的。

USA829 由一个全国执行委员会和三个地区委员会管理,他们负责监督地区事务和入会考试。USA829 的运营由全国商务代理负责,总办公处设在纽约,另有两个地区商务代表,分别为中部地区(芝加哥),和西部地区(洛杉矶)。除了纽约的工作人员,在东部地区的马萨诸塞州波士顿、华盛顿特区,以及佛罗里达州迈阿密也设有商务代表。

因为 USA 代表着多个不同类型的设计师,划分有一些会员类别。成员可以属于多个类别,并从事多类别工作。现场表演艺术会员类别有:

布景设计/艺术总监:所有媒体的布景设计、素描、草图和监督;

服装设计/造型师:所有媒体的服装设计、选择、绘画以及染色;

照明设计师：设计和照明的方向，除了网络电视和电影的所有媒体；

音效设计师：创建听觉环境，以配合节目制作的其他设计元素，包括声音效果和音乐的选择和实施；

布景艺术家：所有媒体布景和物品的布局、表面装饰、雕刻、模具制造、铸造，绘图；

电脑艺术家：由于娱乐行业视觉需求的不断发展，最近创建的类别；

联合工艺：涵盖古装画家、故事情节图板艺术家、电脑技能等；

工匠成员：协助布景艺术家在车间、工作室和演出地点的工作。

设计师和布景艺术家可通过专业成员入会申请、布景艺术家学徒计划，以及参加各类别的考试和面试成为 USA829 成员。

专业会员申请：USA829 分会目前已经与以下各领域建立了集体就业谈判协议：百老汇、地区剧院、卫视、大都会及纽约市歌剧院、专题电影、地方歌剧院、主要芭蕾舞团、电视广告，以及布景供应商等。根据协议就业的专业人士必须联系 USA 829 商务办公处，申请会员资格。必须提交工作证明、简历、推荐信，以及预付入会费。该预付款将以托管方式存放，直到在全体会员会议上提出入会申请。申请人可能会被要求由监督委员审查其作品集，这是由业务代理决定的。业务代理将在下次会员大会上提交申请人的各项证明和目前的工作状态，以进行是否接受其入会的投票。如申请被拒绝，将退还入会费。

（八）美国剧作家协会

美国剧作家协会成立于1919年，旨在“促进职业剧作家、作曲家、填词人以及歌词作者的利益”。[1] 剧作家协会并非工会，也不代表其成员参与集体谈判。协会的职能更多的是为剧作家、作曲家、填词人以及歌词作者提供谈判合同，让他们可以在与制作人的谈判中使用。但制作人没有义务使用这些合同；要依靠成员自己确保利用此类合同。

剧作家协会由一个理事会管理，由其作为执行委员会负责协会的总体管理、指导控制协会各项事务、资金和财产。此外理事会有权就戏剧性和戏剧音乐作品的制作制定最低基本制作合同并谈判。理事会由活跃成员和职权成员组成，一般都曾担任过理事会主席，或已服务于理事会有总计十五年的时间。理事会由协会的活跃成员选举产生。[2]

协会的正式会员是由会员委员会投票选出的。准成员必须有在百老汇、非百老汇，或驻地剧院制作的作品，或者必

---

[1] 剧作家协会，“关于剧作家协会”，www.dramatistsguild.com/About.aspx. 编词的工作是编写音乐或歌剧作品的文本。虽然剧作家协会主要代表戏剧作家，作曲家和歌剧作品编词也可能成为其成员。

[2] 同上。

须经委员会认定已经达到了相当的专业地位。会员委员会还投票决定合伙成员的成员地位，合伙成员必须从事戏剧或音乐作品写作(或者是改编为舞台作品的作者)；合伙成员没有投票权。活跃成员和合伙成员都必须缴纳年费，以及特许权使用费和附属权利抽成的工作费。剧作家协会会员“可以获得我们的商务部门协助，提供与剧院、合作者、出版商和其他方面的示范合同和协议，以及关于合同谈判的建议。会员可收到双月刊杂志《剧作家》，以及年度资源目录，其中包含全国范围剧院业务的各个方面的资讯，同时可全面进入协会网站，网站可链接到全国几乎所有剧院网站，并可专享赞助的关于艺术、工艺、和舞台写作业务的广泛的专题讨论会和研讨会”。[1]

剧作家协会也是其会员作品权利的倡导者。授予导演的潜在版权保护已引起剧作家协会的担忧。作为对这些问题以及其他问题的回应，协会的执行总裁拉尔夫·塞伍什(Ralph Sevush)明确了以下几项作者权利：

要保护一个作者的权利，会员应该在任何时候都与制作人签订书面合同。以下八点是基本要求，保护这些权利的条文应出现在与制作人的所有合同中。你还需要进一步了解

---

[1] 剧作家协会，“关于剧作家协会”，www.dramatistsguild.com/About.aspx. 编词的工作是编写音乐或歌剧作品的文本。虽然剧作家协会主要代表戏剧作家，作曲家和歌剧作品编词也可能成为其成员。

具体情况，并咨询适当的律师，以充分保障你的权益。

1. 艺术完整性。没有剧作家事先同意，他人不可更改、篡改和/或遗漏文本内容，即所谓“文本审批”。不允许合同中的这一条款被“不得适当或无理拒绝此类事先同意”等词句稀释，或满足于就更改“协商”，而不是“审批”。

2. 知识产权所有权。剧作家拥有体现在文本中的思想表达。剧作家授予制作人的权利只针对特定的制作授权，而非在许多领域制作文本的一般性权利。剧作家可以就在特定场地仔细划定的期间内的特定权利（未来期权、附属权利）向制作人授权。但是，只有剧作家自己有权制定所有其他制作和文本使用的合同。

3. 批准制作要素。剧作家有权选择作品制作的演员、设计师、编舞、指挥和导演（包括替代人选），这就是“艺术审批”。剧作家和制片人一起商讨审定制作演出的其他元素（包括服装、广告等）。

4. 偶然贡献所有权。剧作家拥有制作中其他参与者对文本的所有贡献。除非有书面协议规定支付有关款项，不再向其他任何人付酬。

5. 附属权利。首先，剧作家所拥有的不仅是文本，而且还拥有利用文本的所有权利。如果同意授予制作人未来利用文本所获得的附属权利的部分收入份额（电影、电视、股票、业余等），只有在相关制作人已将剧本演出达到协定的演出数量后才可授予此类权利。授予任何附属权利都只应为在有限的时间内,一般应限制于自某个明确的地理区域(例如美国和加拿大)收到的收入。

6. 争议解决办法。如果剧作家和制作人产生纠纷,如果都同意进行仲裁,就不用选择诉讼。

7. 转让权利。未经事先书面同意,制作人不能将与合约获得的权利指派或授权给第三方。

8. 导演/戏剧编剧协议。虽然导演或戏剧编剧可能会一起塑造剧作家的文本,但这样绝不会让导演称为“作者”,除非他们是作为一名作者与剧作家积极协作。任何导演或戏剧编剧都没有权利优先拒绝他们的初始制作后的其他制作,也无权分取作品的未来制作的收入。

总体来说,在国外演艺人才都是通过加入工会和第三方的中介组织进行工作的,这样保证演艺人才专心于创作,无需去为劳动合同等事务分心。这些第三方组织还在不断为演艺人才提供再培训和增加技能的机会。对演艺行业的剧院管理人员或制作方来说,这些第三方中介机构虽然会有溢价,但它们能保证对演艺人才专业化管理,对剧院的管理人员和制作方来说又避免了很多签约后不必要的麻烦。

二、国内典型集聚区的人力资源情况

北京市文联主席、国家大剧院首任院长陈平表示,近几年来，全国范围内艺术院团和剧场都在“井喷式”发展，2015年我国艺术表演团体数量为10 787个，2016增长到12 301个，2017年增长到15 752个，全国艺术表演场馆也从2015年的2 143个，增长到2016年的2 285个，跃升到2017年的2 455个。北京的情况也类似，未来3到5年间会新建一批剧场，如中央歌剧院剧场、中国爱乐音乐厅、北京人艺的国际戏剧中心等，环京一带京津冀地区剧场建设也在加速。这就意味着对演艺人才的大量需求，但我们的人才供给并没有跟上。新时代是演艺事业快速发展的时代，也是对演艺人才急需的时代，这个趋势看来已不可避免，加大演艺人才培养，来支撑文化事业的发展。尤其在演艺集聚区要抓紧制定演艺人才发展规划，大力引进各类稀缺演艺人才，营造演艺人才成长历练机制。[1]

目前我国戏剧演艺集聚区还处于发展阶段，像伦敦西区剧院协会统计报告中的对人力资源数据的统计目前还没有系统地进行过。虽然我国演艺人才的管理起步比较晚，但也有类似伦敦西区剧院协会的组织。最早能追溯到1988年，中国文化部主管的国家一级社会团体——中国演出经理家学会成立。2012年5月18日，正式更名为中国演出行业协会。中国演出行业协会（China Association of Performing

[1]《北京日报》第12版，2019年9月25日。

Arts)是国家一级协会,属于文化部,是一家全国性非营利性社会组织,由成员自愿组成,具有行业性特征。协会下设演出经纪、剧场、演员、编导、制作、儿童艺术演出、中小企业等7个专业委员会,设有25个省级演出行业协会,拥有近万个会员单位。协会会员包括文艺表演演出团体、演出场馆、演出公司、演出经纪公司、演出票务公司、舞美制作公司的单位和个人。

在中国演出行业协会的章程中(2011年10月26日第六届会员代表大会通过)阐明了中国演出行业协会的性质,接受业务主管单位文化部和社团登记管理机关民政部的业务指导和监督管理。[1]

在全国演艺人才培养上,除了中国演出行业协会外,还有中国戏剧家协会与中国舞台美术学会。中国戏剧家协会成立于1949年7月24日,原名中华全国戏剧工作者协会,1953年更名为中国戏剧家协会,是由全国各民族戏剧家组成的人民团体。中国戏剧家协会是中国文学艺术界联合会的团体会员。至2017年12月,中国剧协注册的个人会员有12 000余人,均为有一定成就的剧作家、导演、演员、舞台美术家、戏剧音乐家、戏剧理论家、戏剧评论家、戏剧教育家、戏剧管理者等;团体会员35个,包括31个省、自治区、直辖市

[1] 中国演出行业协会,[EB/OL],http://www.capa.com.cn/news/zgrdlist?type=15.

剧协，新疆生产建设兵团剧协，中国石油剧协，中国金融剧协等。

六十多年来，中国剧协充分发挥党和政府联系戏剧家的桥梁与纽带作用，履行团结引导、联络协调、服务管理、自律维权的职责，积极举办全国性的戏剧活动和戏剧评奖，努力推动戏剧创作，举办各专业培训班以及搭建专业人才交流平台，培养了诸多优秀戏剧人才，为全国的演艺事业输送了大量的人才。

而另一个全国性机构中国舞台美术学会，成立于 1981 年 1 月，经过国家民政部核准注册，主管单位为国家文化和旅游部，是全国唯一的舞台美术专业学术组织。学会成员分别为个人会员、团体理事单位会员、海外名誉会员和终身会员。该机构依托各个专业委员会，致力于为全国舞台美术工作者搭建更专业的交流平台，提供更完善的服务。作为国家级高水平专业学会，中国舞台美术学会通过高层次舞美人才储备培养，与专业院校合作交流等，为演艺行业输入了大量的舞台美术人才。

演艺集聚区人才的研究，一定离不开以上三个全国性演出组织与其各地的演出组织，国家政府层面通过全国性演艺组织对演出市场的从业人员进行宏观管理。中国演出行业协会的业务范围中第一条就是“宣传演出法规和政策，完成政府授权委托的工作”。政府颁布一些用于规范管理演艺人才的法律法规通过行业协会来展开具体工作。中国戏剧家协会与舞台美术学会也通过相关的培训与职业技术资格考试为演艺人才的管理提供依据，比如近期举办的西南五省中青年一线文艺骨干培训班（第四期重庆青年戏剧编导研修班）、全国民营剧团院团长培训班、青年舞台美术家高级研修班、民间职业剧团戏剧人才培训班等。

2005 年 7 月 7 日，国务院通过《营业性演出管理条例》。该条例首先是经济人主体资格，条例在这方面有明确要求，必须首先要通过资格认定，没有通过认定者不能从事这一项职业。演出机构的设立也必须要符合要求，首先必须要有专职演出经纪人员，并且达到一定数量，满足三名以上要求。另外要拥有一定资金，数量满足该机构业务要求，必须达到适合的资金量。必须要获得营业性演出许可证后才能开展业务，由机构负责向文化主管部门提出申请，而这些部门都皆为省级机构。当它们获得许可证后，还需要去领取营业执照，到工商行政部门去办理，按照法定程序进行登记，完成领取过程。执照上有明确的机构名称、地址、法人等，还包括具体经营项目及范围，如果机构要变更，就需要申请换发演出许可证。它们需要向原发证机关提出申请，获得新的许可证后还需要变更登记，这一步要到工商部门完成，按照程序办理。个体演出经纪人同样需要营业执照，携带相关材料去工商部门登记，完成手续后领取，之后还需要向主管部门备案，后者属于地县级机构。如果该机构是中外合资经营的，条例中还有特别要求，中方合营者必须要占有较大比例，拥有控制权，因此投资至少要达到 51%，否则不能够从事该项业务。如果该机构为中外合作经营，那么中方也需要有主导权，否则不在允许范围内。直到 2015 年 10 月 27 日，国务院决定，自 2015 年 10 月 15 日至 2018 年 5 月 5 日在北京市暂时调整有关行政审批和准入特别管理措施，在公布的首批 11 条措施中，将石景山国家服务业试点改革区、朝阳区国家文化产业创新试验区、天竺综合保税区文化保税园、平谷区中国乐谷园区定位首批“选择文化娱乐业聚集的特定区域，允许设立外商独资演出经纪机构，在北京市域范围内提供服务。”试点条例在经营活动方面也作出明确规定，具体要求如下。首先在于演出场所方面，本单位可以进行演出，此处没有明显限制，但要进行营业性演出，必须在演出经纪机构完成。演出经纪机构可以进行各种演出活动，包括其他相关的活动，但是对个体演出经纪人会有所限制。营业性演出之前必须要提出申请，将相关资料报备给文化主管部门，由其进行审核，没有获得批准不可进行演出。如果涉及到外国或港澳台地区，那么需要由演出经纪机构负责主办，否则不能进行营业性演出。对于此类演出的内容也会有所限制，必须要在法律规定范围内，不可超越这一界限，出现不适当的内容。演出必须按照批准的内容进行，不可随意变更，否则要及时告知，由观众自行选择是否继续观看，如果对方拒绝，并且要求退票，需要满足他们的要求。演出不可随意停止，除非遇到不可抗力，演员必须按照要求完成，不可自行决定退出。坚决杜绝假唱，也不能为其提供条件等等。

在《营业性演出管理条例》颁布后，中国演出行业协会受政府委托对演出从业人员进行资格认定，其中包括：演出经纪人资格、舞美舞台工程资质、演员资格认定。所有以上工种从业人员必须参加中国演出行业协会组织的资格认定考试和相关认定流程，方可持证上岗。

除了中国演出行业协会，全国各省还有自己的演出行业协会。上海市演出行业协会（Shanghai Performance Trade Association）成立于 2006 年 9 月 26 日，是由上海市演出行业经营单位（含文艺表演团体、演出经纪机构、演出场所）自愿组成，实行行业服务和自律管理的跨部门、跨所有制的非营利性、行业性社会团体。专业委员会包括剧场专业委员会、演出经济专业委员会、剧院剧团专业委员会、舞美专业委员会、书场专业委员会。剧场专业委员会中有 63 家剧院成员。剧院剧团专业委员会也有 83 家机构成员。演出经济专业委员会有 123 家公司成员。舞美专业委员会有 59 家公司成员。这些委员会均有定期组织会议和各类活动。上海市演出行业协会还负责上海市的演出经纪人资格和演员资格认证。

目前，由于国情不同，在我国尚未形成像英美那样有体系的、规章制度健全的行业工会。我们目前对行业从业人员的管理主要还是归口于各个演艺单位。以上海大剧院为例，是通过企业管理结构对从业人员进行分类管理的。

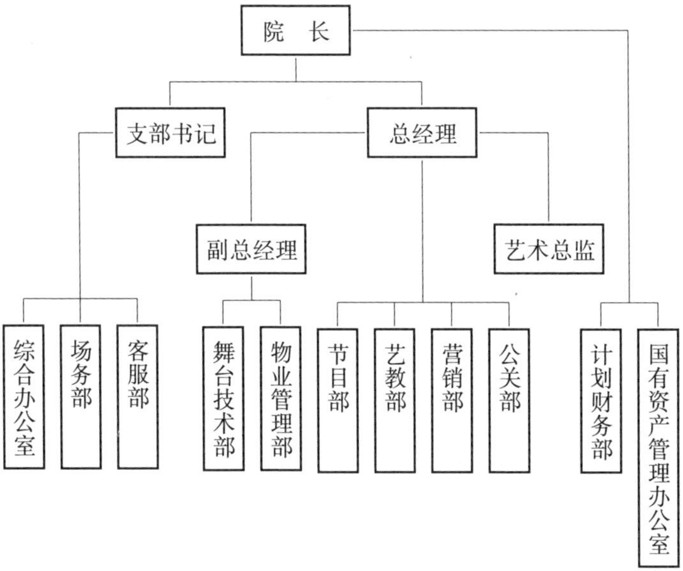

图 2.1.1　上海大剧院组织架构图[1]

当然像上海大剧院这种在全国率先实行企业 IOS9001 认证管理的剧院公司目前并不多，很多集聚区的剧院还停留在传统事业单位型的管理模式，更多的只是一个对剧场的维护和租场工作。这与国外典型集聚区内大型剧院管理集团

[1] 上海大剧院官网，http://www.shgtheatre.com/.

公司相比差距很大。演艺行业的管理落后从剧院对人才的管理到缺少专业的行业协会会造成演艺产业链上游创作人才的流失。比如在纽约百老汇和伦敦西区经常可以看到大牌影视明星来驻场演出。但在中国情况是正好相反,大量演员、编剧、导演人才都趋向于影视创作,很难愿意从事舞台演出,这对现场演出创作造成了巨大的阻力。

上海演艺大世界作为全国规模最大密度最高的剧场群备受关注。在2018年成立后演艺大世界就展开了对演艺人才的招募与管理,跳出了以企业管理结构的人员管理模式,而是以更大的演艺集聚区来布局人才队伍的建设。上海演艺大世界面向全球优秀制作人、导演、演出团体、演艺经纪等发出邀约,携手推进演艺大世界健康、持续、快速发展,加快建成上海国际文化大都市的核心引领区、亚洲演艺中心的核心示范区。2019年演艺大世界9家专业剧场上演18台剧目,占全市专业剧场演出的69.2%;票房收入1 018.2万元,占全市的87.2%,已成为全市演出密集度最高、集聚效应最突出的区域。2019年演艺大世界更是推出6大重要举措力争实现1.5万场演出量:建设最“高”剧场密度、最“大”集聚效应、最“强”协同合作、最“广”市场空间、最“优”服务环境的演艺活力区,“演艺大世界”将重点围绕“三吸引、三促进”,即吸引鼓励剧目首演、吸引集聚一流制作、吸引优秀中介经纪,促进剧场服务能级提升、促进文商旅融合创新、促进宣传推广总结提升，推进落实一批项目，努力实现年演出量1.5万场的目标。[1]

演艺大世界的集聚区对于演艺人才的吸引与培养也在通过六大举措加紧布局：一是充分发挥剧场群核心区位、密度最高、文化内涵深厚等优势，吸引集聚名家、名剧、名团，鼓励首演、首映、首展、首秀，推动演艺大世界成为中外优秀剧目、重大主题原创剧目在全球、亚洲、中国的首选地。重点打造2019国际戏剧邀请展、2019上海国际音乐剧节、2019上海国际喜剧节三个国际性专业演艺节展。二是打造全国首个剧本创作中心，发挥好白玉兰剧场全市首个“舞台艺术排练中心”的服务功能，开辟更多实体演艺空间吸引创作人才入驻，成为优秀原创剧目的孵化地和蓄水池。三是进一步简化营业性演出审批程序，提高审批效率，优化营商环境，吸引国内外一流演艺制作人、导演及其团队、演出团体、演艺经纪公司以多种方式入驻演艺大世界，加快专业人才和机构集聚，完善演艺产业链。设立专项资金，开展年度评选，对作出突出贡献的个人、团体以及剧场、项目等给予一定奖励。四是加强文商旅联动，在演艺大世界中心区域，结合现有旅游咨询服务中心实体平台，在旅游咨询服务中心和周边剧场空间，建设若干标识统一、服务便捷又各具特色

[1] 《新民晚报》，《打造亚洲演艺中心核心示范区，演艺大世界向全球广发英雄帖》，2019年2月21日。

的演艺大世界信息发布服务亭，增加植入演艺大世界品牌宣传，发布相关演出及艺术活动资讯，吸引市民游客参与互动体验，定时定点提供公益补贴票、限时尾票，为剧场、空间搭建宣传、资讯、票务等方面的合作共享平台，为市民游客提供可触摸、零距离、一门式服务。信息发布服务亭的旗舰店位于上海大世界。五是制定演艺大世界整体性宣传营销方案。通过观剧手账、短视频、户外广告、电子大屏，以及机场、高铁、地铁、观光巴士广告位等多种手段和载体，线上线下、场内场外相结合开展立体宣传，不断提升品牌标识度和影响力。六是打造"五大平台"。通过发挥区域演艺设施品牌化、集群化优势，坚持市区联动，加强"五个协同"，打造"五大平台"。

演艺大世界充分利用其集聚效应，加强演艺资源的协同保障，打造信息共享传播平台，包含统筹演出资源、演出推广、票务营销等资源，体现集聚功能，凸显联动效应；加强产业链协同，打造演艺能级提升平台，包含强化前端剧目创作、加快专业人才集聚、加强演艺文创开发等，构建完整产业链；加强服务协同，打造展演孵化推广平台，包含深化公益普及平台、推广艺术教育平台、加大舞台资源开放、提升配套服务能级等，普及演艺文化，提升市民观剧水平和素养；加强监管协同，打造机制试点创新平台，包含简化审批程序、加强全过程监管等，营造良好的人才发展环境。

第二节　资本要素

集聚区内演艺产业投融资体制的完善程度，影响着演艺市场资本的效率，也影响着各类资本进入演艺产业的方式。对于演艺产业来说，需要有大量的资金支撑，然而政府的拨款支持是有限的，因此也还需要依靠投资公司、企业、个人等社会外部资本进入到演艺产业，形成政府、民间等多种渠道的投融资格局。多层次多渠道的投融资方式可以保证演艺产业在发展过程中所需的资金支持。

一、国内的投融资模式

近年来，演艺产业经济效益上升，总体发展速度加快，融资体系不断健全，拥有了多元化投融资渠道。初步形成了政府拨款、投资基金、银行贷款三者并存的局面。

（一）政府拨款方面

在国家层面，政府主要通过国家艺术基金来对艺术创作进行拨款。这一基金的意义，首先用于国家艺术文化建设，实现全面提升，本身具有战略性；其次，通过对文化项目的支持，了解国内状况，使艺术文化状态真正的显现出来，这也有助于发展规划的调整。国家艺术基金体系的建设本身有着深远意义，包含着丰富的信息。一方面，它是一个新的艺术文化扶持项目，如何能使这种形态更具开放性，对于文化艺术的发展至关重要，如果能够充分利用它的作用，必然会形成强劲的推力，使文化艺术能够更好地发展起来。但是资金的资助作用是否能够有效发挥，受着多种因素影响，尤其在传统艺术文化方面，如何能够突破这种局限，是未来亟待思考的问题，也是必须要面临的挑战。另一方面，要重视社会资本的作用，使它们能够参与进来，增添基金的实力，也有助于其有效释放，这将推动整个文化产业的发展。民间资本的介入将会发挥前所未有的作用，使各种要素被激发起来，形成白热化的竞争态势，使得新的艺术文化能够摆脱束缚，寻找到自己的位置，体现应有的价值。

我国高度重视文艺事业发展，习近平总书记在 2014 年文艺工作座谈会上的讲话中也提到了国家艺术基金，强调了国家艺术基金对于文艺发展的促进作用。[1] 国家艺术基金成立以后业绩斐然，曾经资助了大量的舞台剧和作品，使其能够大范围地展现出来。2019 年度国家艺术基金舞台艺术创作项目共申报 3 298 项，占申报总量的 35.5%，包括大型舞台剧和作品创作项目 1 119 项，较上一年度增加了 138 项，增幅约 14.1%；申报小型剧(节)目和作品创作项目的数量为

[1] 中国演出行业协会[EB/OL]，http://www.cnaf.cn/gjysjjw/jjdtai/201502/d4a6b744fca44d3e94399e4c72207a78.shtml.

2 179 项,较上一年度增加了 550 项,增幅约 33.8%。传播交流推广项目共申报 1 380 项,占申报总量的 14.8%,较上一年度申报数量增加了 280 项,增幅约 25.5%。其中,在国(境)内实施的项目为 856 项,在国(境)外实施的项目为 205 项,传统艺术形式与现代科技手段相结合的传播交流推广项目 319 项。艺术人才培养项目申报 1 375 项,占申报总量的 14.8%,较上一年度申报数量增加了 374 项,增幅约 37.4%。其中,艺术专业人才培养项目 1 266 项,理论评论人才培养项目 45 项,经营管理人才培养项目 55 项,高端艺术人才境外研修计划项目 9 项。青年艺术创作人才项目申报 3 243 项,占申报总量的 34.9%,较上一年度增加了 1 002 项,增幅约 44.7%。其中,美术、书法、摄影和工艺美术等美术类创作人才项目数量为 2 138 项,音乐作曲、戏剧编剧、曲艺编剧、舞蹈舞剧编导和舞台艺术表演人才项目数量为 1 105 项,本年度新增设的舞台艺术表演人才项目,申报数量为 403 项,占舞台类申报数量的 36.5%。[1]

同时在全国各地,还有地方性的文化基金扶持当地的演艺产业发展。比如上海文化发展基金会,成立于 1986 年 11 月,基金会的宗旨是:筹措文化发展资金,资助公益文化,扶植文化人才,推动文化创新,促进文化交流,致力于上海文化

[1]《国家艺术基金 2019 年度项目评审报告》。

事业的繁荣发展。基金会受政府委托面向全市开展对文艺创作和公益文化项目的资助评审,根据“公平、公正、公开”的原则组织专家对申报项目进行评审,并对资助项目实施监管。2011年,基金会推动文化金融创新,建立信贷扶持机制,与上海银行合作,为上海重大影视和演艺项目实施信贷扶持。2012年,设立“上海文艺评论专项基金”,对有关媒体进行稿酬和版面资助;组织召开有关作品或专题的评论研讨会;同时,设立文艺评论奖项,奖励优秀的文艺评论文章和突出的文艺评论工作者,为加强和改进文艺评论发挥了积极作用。2013年,创立青年编剧资助扶持机制,对青年编剧项目实行单独申报、单独评审、专项资助、配套扶持,为青年编剧搭建创作孵化和人才激励平台。上海文化发展基金通过完整的项目申报评审体系,出台了各个专业申报的流程与细则,委托评审专家对申报项目进行评审立项,同时基金会还出台了监管办法,对项目运作进行全方位的管理,项目完成以后基金会委托专业的机构对项目结项进行验收与评估,最后委托专业的第三方审计机构对项目经费的使用进行审计。

上海文化发展基金对集聚区演艺产业也开展了专项配套资金申报,落实《演艺大世界——人民广场剧场群三年行动计划(2018—2020年)》,营造演艺大世界良好发展环境,市区联动支持具有发展前景、导向意义、自主创新的演艺文化项目以及优秀人才和团队,对演艺大世界内符合本市演艺发展规划和相关政策，能够展示演艺大世界工作成果的项目和单位进行配套资金扶持。配套扶持综合考量项目和单位的整体发展情况，充分体现演艺大世界配套扶持资金的激励导向作用。申报主要从四个类别方向展开：一是思想精深、艺术精湛、制作精良，并已取得良好社会效益和经济效益的重大文化节展、节庆、展演等演出活动项目；由演艺大世界范围内的专业剧场、“演艺新空间”、专业机构等主体引进优秀剧目的全球、亚洲、全国首演、首展、首秀项目。二是演艺大世界票务发展的票务销售主体，主动参与并实施补贴票、限时特惠票等惠民票务，在演出票面正确使用“演艺大世界”字样及标准图样，形成良好的社会效应和演出经济效益的项目。三是支持多业态融合发展，重点对演艺单位及其他相关行业有关主办方综合运用商业、旅游、文化等资源，打造以演艺为主体、社会效益和经济效益俱佳的跨界融合品牌项目。四是对演艺大世界发展做出突出贡献，有效提高演艺大世界剧目制作、演出组织水平和国际知名度的单位、个人。

国家艺术基金与各地文化艺术基金在推动全国和各地演艺产业的发展试点，也不断尝试创新，优化标准，力图发挥最大的助推作用：比如在艺术资金资助的项目中，有一部分项目是在基金设立之前已完成创作演出的，为他们提供资金，主要用于重大加工修改，目前这部分作品已基本完成，不需要再进行资金投入，因此基金要做调整。艺术基金要将支持重点放在新产品的创作上，为此进行了专家论证，结合各方意见，作出新的规定，不再针对已完成的作品给予资金支持，改变从 2016 年开始进行。如果项目要申报艺术基金资助，需要是没有完成创作首演的作品，也就是 2016 年 3 月 1 日前尚未完成的新作品。除了这一项改变之外，还对申报项目做了明确规定。要求它们必须已完成前期工作，如剧本创作的，并且可以提供相应材料，满足上述条件后可以申报，由评审专家进行评审，经过最后遴选确定。艺术资金的建立是为了资助各种艺术形式，使它们能够更好地展现出来。不同的艺术形式需要的资助方式不同，力求在这方面做到最好。申报的作品所属的艺术品种不同，因此要求千差万别，标准也不统一，所以要采取分类评审的方式，根据各自的特点进行，这样才能保证公平性。参评专家的遴选工作也需要依据作品种类的不同开展。

大部分的艺术品种都经历了多年的发展历程而逐渐沉淀下来，因此有着自己的艺术表现形式，拥有与其他艺术形式不同的规律特色。如果要用统一的评判标准来看待它们本身不具备可行性。如一些舞台剧，虽然都是在舞台上进行表演，但彼此之间有较大差距，很难做到统一。如话剧等舞台剧，有着较长的发展历史，形成了自己的风格，但是也要承认新的舞台艺术也逐渐涌现出来，他们以飞快的速度在发展，依托新的舞台技术，以独特的形式展现出来，被人们熟知并接受。除了新的艺术形式外，还有许多融合的艺术形式出现。它们将传统的艺术表现形式融合起来，形成另一种风格，却让人耳目一新。新的艺术形式出现较快，发展时间不长，因此还没有形成自己的风格，整体尚未定型，甚至无法命名，但他们却现实存在，并且备受欢迎，影响力可见一斑。面对这种情况，必须要认真对待，艺术创新是未来发展的基础，应该给予支持与鼓励，对于传统艺术来说也至关重要。为此，艺术基金增设了资助项目，专门针对具有创新性、跨界融合特点的项目进行资助。

项目本身具有自己的特点，首先应用了新的舞台技术，所以在技术创新方面值得肯定，融合了各种艺术形式，在策划创意方面进行了探索，这些都值得提倡，符合艺术创新要求，因此在评审方面也适当倾斜，给以充分的肯定。需要强调的是，艺术需要创新和融合，但是艺术表演必须要遵循基本的规律，以观众为核心，必须考虑他们的接受能力，能够经受历史的检验。创作出的作品必须具备思想性，符合艺术性要求，这样才是优秀的作品。艺术基金是综合性资助体系，为优秀的艺术作品长期提供资助，希望通过这种方式出精品，能够出高峰作品，这样才能够达到建立基金的目标。如果作品已得到立项资助，不代表着就此终止，还有两项后续支持措施。一是针对于这些作品进行再次评审，由专家最终确定重点资助项目。2005 年执行这项措施，从前一年度的资助作品中进行评审，并选出优秀作品，再给予滚动资助，当时有 10 部作品获得了各个项目的支持。它们获取资金，对原有的作品进行加工，使其进一步提高，同时还可以用于交流，将作品推广出去，扩大传播范围，从而成为高峰作品。通过修改使这些作品更加深刻，艺术性更强，更容易被人们接受。二是对重点资助项目给予技术上的支持与指导，由于基金管理中心在组织专家方面具有优势，因此可以争取他们的支持，推动整个作品达到一个新的高度，形成精品和高峰作品。三是已获得资助的作品，在演出并结项验收后，还可以继续申请资助，主要是针对于传播交流推广方面。经过评审后，如果这个项目获得批准，那么将会继续给予基金资助，帮助其后续的演出活动。2016 年戏曲和重大现实题材作品成为了主要的资助目标，基金给予适当倾斜，并且提高了效率。

从以往申报情况来看，申报单位大量聘用外来主创人员的情况十分普遍，一些院团甚至与外部团队合作，由自己提供平台，对方负责创作，这种情况也说明了一些问题。虽然这是一个短平快的方式，能够快速解决人才匮乏情况，尤其是创作人员相对缺乏的单位，可以通过这种方式满足要求，但从长远看来并不是一个好的做法。舞台创作要发展下去必须要人才，外来人才仅仅能解决一时问题，但长远发展需要本地人才，必须要将注意力放在培养上，为创作人才的成长创造条件，这样才是持续发展的有效手段。面对这种情况，艺术基金在评审过程中进行适当调整，重点倾向于以本地创作人才为主的申报项目。但是各地区发展不平衡，彼此差距较大，不同的艺术门类的特征也不同，如果硬性规定会带来许多问题，因此仅仅是在专家评审过程中进行参考。希望各位机构能够重视队伍建设，将人才培养提上议事日程，有效挖掘人才，合理使用人才，为自身发展奠定基础。我国是一个历史悠久的国家，近代又经历坎坷，导致各地发展极不平衡，经济水平相差较大，一些发达地区发展较好，物价也相对较高，而不发达地区经济发展较之有差距，物价水平较低。艺术基金是针对于全国而言，不同的地区必然会有不同的标准，如何能够满足全国要求，这是必须要思考的问题。不同的艺术品种所需要的知识也不同，因此在设定资助标准时也要充分考虑，必须要选择合理的资金额度，这样才能够做到全面均衡。相关部门为此不断进行调研，获得有效数据，以此为依据召开专家论证会，听取各方意见，采取科学的方法，反复测算，最终确定了各门类的资助额度。确定标准的依据为：一是要保证艺术作品的品质，必须满足实际需要；二是要避免浪费，不应超过实际需要。额度制定后经历了两年的时间，所得到的反馈是对这一额度的普遍认可，被资助单位对此评价很好。而同一艺术品种，成本之间也存在差异，原因在于规模体量不同，因此在资助方面也要有所区别。2016 年度进行了调整，针对于这项艺术门类作品的资助，可以依据具体情况选择不同档次。专家在评审过程中会考虑这些问题,并将其附在意见上,建议应该选择何种额度,管理中心依此核定。

2018年度确定的大型舞台剧和作品资助额度为:戏曲、话剧项目不超过250万元;歌剧、舞剧、音乐剧项目不超过400万元;儿童剧项目不超过120万元;杂技剧项目不超过300万元;木偶剧项目不超过100万元;皮影戏项目不超过60万元;小剧场戏剧项目不超过80万元;交响乐、民族管弦乐项目不超过120万元;具有创新性、跨界融合特点的表演艺术形式项目不超过100万元。小型剧(节)目和作品的资助额度为:小戏曲、独幕剧、小歌剧、小舞剧项目为20万元;独奏曲、重奏曲、室内乐、民乐小合奏和合唱项目为15万元;歌曲项目为10万元;单人舞、双人舞、三人舞项目为10万元,群舞项目为20万元;曲艺项目中的中篇节目为15万元,短片节目为10万元;杂技、魔术项目为15万元;木偶项目为20万元;皮影项目为15万元。

(二) 投资基金

2007年,东方惠金文化产业投资基金设立。基金管理机构上海东方惠金文化产业投资有限公司,是在上海市委、市委宣传部和浦东新区区委、区府共同的关心和支持下,上海精文投资公司受上海市委宣传部委托、上海张江集团公司受浦东新区政府委托首期共出资1亿元投资成立的,并于2006

年 12 月 31 日正式挂牌开张。而后，上海文广的注资为该公司带来更多的行业资源和专业经验，为公司的发展提供了更多的机遇和更大的空间。上海东方惠金文化产业投资有限公司作为上海市文化产业投融资公共服务平台，担当起政府与企业间的桥梁作用。

中国文化产业投资基金管理有限公司于 2010 年 5 月 13 日在深圳市市场监督管理局罗湖局登记，作为国家级文化产业投资基金中唯一一个基金的管理方。基金的设立符合党中央对文化产业的要求，也符合国务院振兴文化产业的规划，使相关政策能够贯彻实施。目前市场经济发生变化，文化产业持续发展，必须要认清形势，顺应时代需求，转变投入方式，这样才能起到更好的效果。财政资金一定要用到实处，发挥杠杆作用，吸引社会资金，使其更愿意投入到这一领域当中，从而发挥推动作用，使文化产业能够全面发展，在投融资机制方面进一步完善。中国文化产业投资基金的健康发展，对于全面实施国家文化发展战略至关重要，也是提升文化软实力的关键手段。它的加入有助于维护国家文化安全，促进全面发展，推动产业进步，发挥积极作用，具有重要意义。中国文化产业投资基金由多部门联合发起，目前已募集了超过 40 亿元的资金。自投入以来已经取得了一系列成果，已投项目 42 个。

近年来，高质量、高速度的发展态势在北京文化创意产业中显现。随着文资办的建立，文创产业又向全方位文化投资融资服务体系迈进了一步。具体举措如下：

第一,建立文化创意产业投资基金。首期预计100亿元规模,需要分步骤完成。政府发挥带头作用,投入引导资金,以10亿元作为母基金,成立相关公司进行管理。行业中的带头企业也要发挥作用,他们需要提供专项资金,专门针对于一些艺术门类,分散母基金,最终以多项专项基金的形式存在。在这些专项基金的基础上,又可以募集社会资金,主要是针对于各个艺术门类而言,分别进行募集,从而完成基金的积累。

第二,出资成立两家文化创意产业小额贷款公司,它们的服务面向全市。此前,北京市文化创意产业在小额贷款渠道上是一区县一文创产业小贷公司,且主要资助对象局限于区县内中小企业。这类界限和政策因此一举突破。

第三,文化创意企业融资担保公司成立了,它们为文创企业融资提供担保,有益地补充了小额贷款和其他融资方式。

第四,统贷平台战略合作协议在市文资办与国家开发银行和建设银行之间签署。统贷平台是面向中小文化企业,尤其是处于发展期的文化企业,作为工具平台针对其融资难问题设立提供资金支持,首期统筹5 000万元,两家银行给予平台20亿元的授信额度。

第五,北京文化投资发展集团接受注资50亿,完成公司建立过程,代表市政府进行投资。在后期的投资过程中,该公司作为代表来完成操作。政府利用自身优势,为企业提供优惠,如在并购贷款方面给予帮助,以这种方式支持优质企业。如果文化企业主业能力强,未来发展前景看好,那么上市时将会受到文资办的支持。

2007—2014 年的 7 年间,将近 100 支文化投资基金成立。仅 2014 年就新增了 51 支,募集资金超过 1 000 亿元。从基金进入的投资领域来看,一些领域受到青睐,其中首推互联网,其所占比例相对最大,超过了 20%;演艺业位居其后,所占比例将近 20%,旅游业与其相当。由此可见,互联网产业、媒体产业等新兴产业随着我国文化产业转型升级不断加快的脚步,未来将会有更广阔的前景,反过来其还会对基金产生影响,使其能够更好地发展,赢得更大份额。

表 2.2.1 我国部分文化产业投资基金情况表[1]

成立时间	基金名称	发起机构	管理机构	首期募资规模(亿元)	基金总规模(亿元)	备 注
2007年	东方惠金文化产业投资基金	上海市委宣传部、浦东新区政府	上海惠金文化产业投资公司	0.4	1	我国首支文化产业投资基金
2008年	东方星空文化产业投资基金	浙江日报报业集团、浙江省财务开发公司	浙江新干线	1.2	2.5	浙江省第一支国有文化产业投资基金

[1] 资料来源:《2012 年中国文化产业投资基金研究》。

（续表）

成立时间	基金名称	发起机构	管理机构	首期募资规模（亿元）	基金总规模（亿元）	备注
2009年	华人文化产业投资基金	国开金融有限责任公司、上海东方惠金文化产业投资公司	华人文化投资	20	50	我国首支专注文化与传媒行业的基金
2010年	湖南文化旅游产业基金	湖南省财政厅、文化厅	湖南达晨文化旅游创业投资有限公司	9	30	立足湖南、辐射全国，体现“三个导向”
2010年	星长城文化产业投资基金	星长城文化产业投资基金管理公司	星长城文化投资	5	50	推动符合条件的文化企业上市融资
2010年	紫金文化产业投资基金	江苏省财政厅及通过市场融资方式吸纳的企业	江苏高科技投资集团	20	20	重点投资江苏省具有增长潜力的文化产业项目
2011年	中国文化产业投资基金	财政部、中银国际控股有限公司、中国国际电视总公司和深圳国际文化产业博览交易会有限公司	中银国际	60	200	首支国家级的产业投资基金

（续表）

成立时间	基金名称	发起机构	管理机构	首期募资规模（亿元）	基金总规模（亿元）	备　注
2012年	北京文化创意产业投资基金	北京市文资办	北京市文化创意产业基金管理公司	20	100	确保国有资产保值、增值

据不完全统计，目前国内将自己投资演艺产业案例透露给外界的投资基金仅有3支。包括投资七幕人生音乐剧公司的华人文化投资基金，投资宋城演艺的东方星空文化基金，投资开心麻花的中国文化产业投资基金。

其中，有披露了投资的演艺类公司有：

一、中国文化产业投资基金，于2013年5月投资了开心麻花公司，投入了约5 000万资金，跳过B轮、C轮，在两年中直接以50亿估值进行了第二轮融资。2017年6月30日，北京开心麻花娱乐文化传媒股份有限公司已在新三板挂牌，发布公告称，于6月16日开心麻花向证监会提交了申请要求首次公开发行股票并在创业板上市，受理通知书也于发布日领取。

二、宋城旅游受东方星空文化基金投资。2008年11月11日，东方星空文化基金投资宋城旅游发展股份有限公司，共注资超过3 000万，使得该公司的资金规模进一步增加。投资机构也获得了宋城公司的600万股，拥有股权超过4%。

该投资基金目前已经投资了三个项目，杭州宋城是目前最后一个，属于基金的成熟期投资。宋城旅游在 2010 年上市，也成为了行业内的首家。上市首日就获得了巨大成功，股票大幅度上涨，市值超过 100 亿元。由此可见，在杭州宋城的投资是成功的。

从现在文化产业投资基金方面的情况来看，目前尚未完全清晰，投资的主要领域未曾确定，未来将会出现各种情况。分析背后的原因，首先就是募集资金尚未到位，目前虽然有一些资金已经用于投资，但是大部分还未进入状态；作为国内的首次尝试，多数基金在接受政府资金供给、政策辅助和监督管理之下缺乏操作经验，可以说仍然是政府主导。虽已有众多文化产业投资基金，但其成立时间短，又无前人经验，在国内依旧处于起步阶段。

（三）银行贷款

目前国家对文化产业的发展已经明确了态度，希望能在这方面有所提升，因此许多银行也加大投入，提高贷款力度，实现合作对接。上海中资银行在这方面进行了尝试，在信贷机制上进行调整，推出创新性产品，不断探索，寻找最佳融资模式，调整服务，目前已经取得了一定成绩。根据权威性数据显示，上海银行业加大了信贷投放，支持文化产业发展，在这方面力度较大，贷款规模迅速增长，超过了以往的发展速度。

表 2.2.2　截至 2011 年 4 月末，中资银行文化企业贷款余额情况

	文化企业贷款总余额	固定资产贷款余额	流动资金贷款余额
	199.45 亿元	**119.79 亿元**	**79.57 亿元**
同比增加	101.4 亿元	67.29 亿元	34.15 亿元
增率	103.4%	132%	75.19%

表 2.2.3　截至 2011 年 4 月末，中资银行文化领域贷款各投向余额情况

贷款投向	文化领域贷款总余额(亿元)	同比增加(亿元)	增　率
	160.97	**875.99**	**114.68%**
影视制作	22.29	15.72	/
广告贷款	17.91	6.14	/
数字动漫制作	2.63	2.33	/
出版发行	35.45	22.27	/
演艺娱乐	4.84	3.26	/
文化会展	77.85	31.79	/

中资银行在这方面都在不断发生变化，从广度着眼，深度入手，给予企业支持，促进兼并重组，支持中小企业发展，一时间迅速生长，呈现出突破式局面。

开发银行也加大了力度，进行一些项目的合作，成立了专门的工作组，从多方面入手，加大竞争优势，在各方面给予支持，提供专门顾问服务，从资金筹集到组建，从管理到开发，各方面都加大力度，提供最大的帮助。

工商银行也不甘落后，各分行纷纷采取行动，推出各种贷款服务，涉及范围广泛，满足各方面需求，尤其针对中小企业，更是制定了个性化的产品，给予他们支持，对其未来发展至关重要，最大程度满足他们的需要。

中国银行也采取了行动，与某文化公司建立联系，发放贷款，在无形资产融资方面更进一步，进行有益尝试，并且取得了成功。

交通银行则是在融资模式上想办法，专门为企业量身定制，建立信仰的品牌，通过这种方式加强合作，给予企业以支持，促进文化产业的发展。

浦发银行则是与文化产业园合作，并且引入优质担保公司，在风险共担方面想办法，形成新的合作模式，满足企业融资需求，同时还加以创新，引入了新的模式，针对园区内的企业，进行量身订造，推出个性化产品，满足他们的需要，通过新的融资模式给予支持，促进文化产业的发展，发挥重要的作用。

招商银行在这方面也不甘落后，他们与梅赛德斯奔驰文化中心建立伙伴关系，采取新的形式进行贷款，并在这方面做了初步尝试，利用文化产业的特许经营权办理贷款业务，也就是通过未来收入来进行还款，使他们的贷款业务呈现出一种新的格局。这种方式也给人们以启示，文化产业融资可以通过多种途径，新思路有可能带来的是更好的结果。

上海银行主要是以知识产权为切入点，搭建平台，以此作为抵押，可以担保申请贷款。这方面需要担保公司参与，形成专项担保平台，通过多种方式进行担保。通过这种形式为本市文化产业进行融资，给予资金支持，促进产业发展。

上海农商银行在这方面也做出了努力，与区政府合作，提供互助担保基金，通过这种方式支持地方文化产业，为一些文化企业提供资金，给予贷款帮助。

宁波银行则推出 B2C 业务，为用户提供在线支付服务，并且能够保障安全，利用这种方式支持文化产业，促进其进一步发展。这种方式相对便捷，用户可以迅速获得资金。

二、国外以营利性或非营利性为典型的不同投融资模式

国外典型剧院集聚区，伦敦西区、纽约百老汇所有剧院也只有两种性质，营利性和非营利性剧院。虽然叫法不同，就投融资的模式来看，商业性剧院和营利性剧院，非商业性剧院和非营利性剧院的模式和逻辑是大致相同。不同的是英国的非商业性剧院能拿到的国家拨款远远高于美国的非营利性剧院，如西区内的非商业剧院典型代表皇家莎士比亚剧院，近年的政府拨款额度已占到其总收入 40%；而百老汇的非营利剧院的典型代表公众剧院（演出大量莎士比亚作品

为主)的政府拨款仅占到年收入的2%左右,其它收入主要靠其它捐款获得。

我们认为着重研究美国的营利性和非营利性剧院的投融资模式更有意义。在百老汇集聚区内的大部分的剧院是由三家营利性的剧院集团掌控:分别是舒伯特的剧院集团、倪德伦集团和朱詹馨集团。在百老汇区域内的非营利性剧院只有曼哈顿剧院俱乐部(Manhattan Theatre Club)、旋转木马剧院集团(Roundabout Theater Company)和公众剧院(Public Theater)等屈指可数的几家剧院。

(一) 非营利机构和营利机构不同的组织架构和管理模式

非营利组织以公司的架构存在。州政府承认其法人地位,联邦政府指定其免税地位,但后者还要再经过州政府的批准。作为注册流程的一部分,非营利组织要接受董事(或理事)会的治理,而董事会成员通常为自愿且无薪(即使可能是付薪的)的。董事会的主要作用在于保证组织任务的实施,并确保组织的资金和资源确实被用于实现其最初规定的公共目标。董事会成员负责对组织的管理层进行总体上的监督。他们还要为组织本身的运营和项目开展寻求资金支持,还要作为组织的代表或使节出现在社会当中。董事会要负责为组织招募执行董事或首席执行官,建立委员会架构(目标董事会成员会针对具体的工作重点成立小组委员会,例如提名委员会、募捐筹款委员会、市场委员会、财务委员会，以及评审委员会），以及建立通常由所有小组委员会主席所组成的执行委员会。董事会的提名委员会或治理委员会负责董事会成员的提名。尽管董事会负责组织的总体监管，但其不应在组织的日常运作充当过于活跃的角色。虽然确保组织的预算和正常运作是法律赋予董事会的责任，但并不干扰演出季安排或参与到组织的日常运作事务中。

在非营利组织中，董事会还要负责治理旗下的商业公司，一些大型的制作公司就采用这一结构。例如，作为华特迪士尼公司旗下的一个部门，迪士尼戏剧制作公司自己进行演出制作和契约签订，并将其制作的演出授权给全球的第三方制作公司。华特迪士尼的董事会负责对该公司的治理，治理的内容包括首席执行官和公司其他官员的雇佣和解聘，以及公司财务报告的审核。大型的制作公司一般按照在公司工作时间长短和专业水平设定董事会成员的薪资。

营利性企业可以公司、有限合伙企业、股份有限公司的结构存在。绝大多数商业性演出都按有限合伙企业和有限责任公司的形式来组织。有限合伙企业由普通合伙人和有限合伙人组成。从传统戏剧性的有限合伙模式来看，有限合伙人即通常提供全部资金并在追偿（收回投资）后获得一定利润的投资人。此外，他们仅对其投入的资金负责，且在合伙企业的管理上没有发言权。普通合伙人对合伙企业实施管理，对有限合伙人超出其总投资总部分的全部损失承担个人责任,同时能够在追偿后获得一定利润。为避免出现无限个人责任,普通合伙人或制作方会合并成立公司,这样一来他们就能获得其公司法人地位的庇护。

跟有限合伙企业一样,有限责任公司也由两方组成:管理者和投资者。相较于有限合伙企业中普通合伙人所面临的风险,如发生损失,有限责任公司可以让管理者(通常是制作人)担负有限责任,在这一点上有限责任公司优于有限合伙企业。跟有限合伙人一样,投资人也仅对其投入制作的那部分资金负责。与公司不同的地方在于,公司的成立通常基于包括多个项目或制作的广泛的商业目的,但有限责任公司的建立常基于具体的项目或制作,并经常在项目结束时解体。

(二) 非营利机构与营利机构的不同使命

非营利组织的目标是由其使命(Mission)所界定的,也就是组织的公共目的。使命是组织的指导原则。目标是指一个组织致力达成的其期望的结果。组织的使命可以包括若干目标,包括制作或编排涉及持续关注问题的演出或系列演出;创建从专业培训到艺术探索的教育活动;为当地学校、老人和赞助人创建节目;并筹集资金以支持现有设施的翻新和建设新设施,以及持续的运营支持。所有这些目标都服务于非营利组织的使命。

非营利制作组织的艺术戏剧演出季也必须反映组织的

使命。百老汇最大的非营利剧院集团董事总经理哈罗德·沃伯特(Harold Wolpert)强调,“每个演出季通常始于对剧院使命的回顾,然后我们要在这个使命任务范围内工作”。环岛剧团(Roundabout Theatre Company)的使命是联合伟大的戏剧作品和业界最优秀的艺术家,努力让经典戏剧和音乐剧重新焕发活力。开发制作当今最伟大的作家和作曲家的新作品。提供教育项目,丰富儿童和成人的生活。通过会员模式努力留住忠实的观众群体。“你要先从这些开始。举例来说,我们对‘经典戏剧’的视角就意味着我们会制作后莎士比亚戏剧,通常创作于过去两百年间的作品。”[1]沃伯特认为:“在选择戏剧演出季的时候,你必须有一个平衡。往往要在艺术总监想做的和剧院能够负担得起之间找到一个平衡。有时,剧院可以获得特殊资金,上演艺术总监真心想要的并对此充满激情的戏剧,但有时我们则不得不说,‘我们真的不能演这部剧’。在这种时候,我们要回到起点。”非营利组织的艺术过程必须支持组织的使命,同时也要考虑其预算。

区别于商业演出机构和制作人要让节目投资回本(赚回来)和赚取利润的需求,不太可能承担艺术风险的特点,非营利组织更可能愿意承担艺术风险,例如制作或上演新作品首演。然而,非营利组织和商业制作人或演出机构合作共同开

[1] 摘自笔者对哈罗德·沃伯特的采访,2016 年 12 月,纽约。

发新项目的情况十分普遍。例如，自由职业执行制作人亚历山大·弗雷泽指出，“新的作品几乎全部是由非营利组织开发出来的，但今天最常见的是商业性和非营利制作组织之间建立伙伴关系。非营利组织有获得资助的戏剧和音乐的开发项目，通过预订作品、研读和研讨会等方式鼓励新作品的创作”。[1] 制作人可以用加强基金支付预算不足的部分，这已成为非营利剧院的底线（收入）的重要组成部分。

商业制作人要负责组织项目，寻找愿意出钱的投资人，然后管理项目，更多情况下，聘请一名总经理来管理。商业制作的目标与非营利组织非常不同。“一个商业制作的主要目的是对投资者投资于制作的个人，希望自己的投资能够带来利润”，哈罗德·沃伯特（Harold Wolpert）认为，“这并不只是要上演人们会喜欢的节目。而是要有实际上会为投资人赚钱回来的节目”。明尼苏达州艺术委员会和格思里剧院的前任执行董事汤姆·普罗尔（Tom Proehl）认为，“商业剧院的主要目的是通过开发单一专有作品（戏剧或音乐）来赚钱。投资者支持并为制作提供资金，而投资者一般都希望获得投资回报。打个比方说，如果一部戏剧在百老汇的评论不佳，卖不出票，投资者一般会选择停演以减少损失。但是，如果这部戏大受欢迎，就会尽可能长时间地上演，这样才能让投

[1] 摘自笔者对艾莉森·斯彼里蒂的电子邮件采访，2016 年 12 月，纽约。

资者获得最大利润”。长期上演的商业制作，如《猫》(Cat)、《魔法坏女巫》(Wicked)，《歌剧院魅影》(The Phantom of the Opera)等剧目的投资者都获得了丰厚的回报。非百老汇制作剧院的融炉剧院(Melting Pot Theatre)是一家小型剧院，它的执行董事肖恩・帕特里克・弗拉黑文(Sean Patrick Flahaven)认为："商业企业的目标首先是让投资者回本，然后从中获利，然后才是具有艺术完整性的作品。"[1]

商业制作人汤姆・威尔特(Tom Viertel)(《发胶》Hairspray的制作人)说明了非营利和商业戏剧制作的区别："商业戏剧制作需要赚取利润，演出要有实际的经济效益，这样单个演出本身就要成为成功的营利实体，而不是说让整个剧院成为营利实体。我的工作这两个方面都要涉及，预算包括很多不同的活动，包括制作研讨会。非营利剧院的每一个预算都有很多元素；票房销售收入只是预算的一个元素，也只是让非营利剧院存活下去的一部分因素。很大程度上，资金是来自个人、基金会和政府的资助。对于商业剧院，一个节目的票房收入必须能让这个节目独立支撑。作为商业制作人，我代理的每一个节目都要有很大的潜在收入来源，因此作为一种经济事务，我需要确保这些节目每一个都在票房销售上取得成功。从非营利剧院的角度来看，他们对演出季是有预期

[1] 摘自对肖恩・帕特里克・弗拉黑文的采访，2016年12月，纽约。

的，剧院知道这个演出季里上演的节目最后会停演。节目一定会停演，否则剧院就没有地方演出下一个节目了。非营利剧院的目的是要制作出一系列节目，以满足他们观众群体的期望，一般一年里要有 11 或 12 场不同的剧目。在这些情况下，上演这些节目的心态就不会像单独上演一场节目那样绝望。你更关心的是确保顺利通过制作过程，每个节目都能在剧院里上演一段时间，然后用接下来的节目取代。商业制作人的思路就完全不同了，我们往往要认真对待每一场节目制作，就仿佛每一个节目都会决定生死，因为如果这些项目没有市场，那节目很快就会被淘汰。如果节目不成功，就无法继续带来持续的收入，商业制作人就必须开辟新节目。”[1]

所以，当商业制作人理查德·弗兰克尔(Richard Frankel)制作出一个成功节目，出现一个专有作品，像《金牌制作人》(The Producers)或《发胶》(Hairspray)这样能够获利的节目，制作人就会把这笔钱分给投资者，首先用于偿还其投资，然后再分配利润。与此相反，非营利组织可以赚取利润(称为“盈余”)，但他们必须将盈余再投资到组织中，以支持他们的非营利活动。非营利组织中任何个人都不能直接从组织的利润中获益。

[1] 摘自对汤姆·威尔特的采访，2016 年 12 月，纽约。

另一种制作人赚取利润的方式是节目巡演。巡演是从一个地方转移到另一个地方上演制作剧目。如果制作人选择巡演商业剧目，他就需要聘用一家营利性的预订和巡演公司，比如在路上(On the Road)这样的公司，做有利可图的巡演。预订及巡演组织将通过与演出承办机构合作，在全国各地的剧院预订演出活动，上演巡演节目。由于商业制作人和营利性预订巡演公司双方都是要赚取利润的，他们的参与主体(例如，制作人及投资者)可以受益。此外，一些演出承办机构也作为营利性实体运作；这些商业承办机构编排或预订一系列演出互动或演出季来赚取利润。如果一家商业承办机构，如密苏里州圣路易斯市的福克斯剧院获利，这个演出机构就可以保留这一利润。然而，正如前面所提到的，如果非营利演出机构在巡演活动中获利，利润必须分配回组织内部，用于资助演出活动。

(三) 非营利性制作机构的筹资

美国非营利性戏剧组织收入由两部分组成。其中一部分是营业性收入，这部分收入中大部分来自于票房，另外社会资金的投入也会增加他们的收入。还有一部分资金来自于社会捐赠，来源相对比较复杂，途径也相对较多。

2015 年统计数据显示，美国非营利性戏剧机构营业收入超过 1 亿美元，其中收入占有绝大多数，比例超过 50%。剩下的来自于捐赠收入，虽然是占一小部分，但二者比例相近。

除此之外，还可以通过其他方式获得产值，根据当年的数据统计结果显示，总数接近2亿美元。

根据全美最大的戏剧机构联盟TCG数据统计，2015年全美1 782家机构营业收入占比超过50%，其来源途径并不单一，组成部分较为复杂。其中戏剧组织收入2014年至2015年呈现出上升趋势。

表2.2.4　美国非营利机构的资金情况(单位：万美元)

	2013年	2014年	2015年
营业收入	9 640	10 380	10 580
社会捐赠	9 480	10 020	9 680
总计收入	19 130	20 400	20 260
支出	18 700	19 360	19 860
营业收入比	50%	51%	52%
社会捐赠比	50%	49%	48%

在营业收入中大部分来自于预售票，所占比例相对较高。剧团中会员制会员相对较多，共分为两种：一是活跃会员，通过选举确定其身份资格，负责选举的为现任活跃会员，他们认为对方满足要求时才会通过。因此要对参与选举的活跃会员有一定的要求，必须投入整个创作过程中；二是合作会员，也需要满足一定要求。他们必须按期缴纳会费，同时要定期购买戏票，在演出季要到来之前，必须满足上述要

求，否则就满足不了合作会员的资格。

艺术教育和相关收入虽然也是一部分，但相对比例较低。这些组织来自社区，每年规划时都会加入纯公益或只是象征性收费的教育项目，这些项目为普及艺术知识、提高公众艺术素养、培养了潜在的市场发挥了作用，也为社会创造了巨大的价值。

从 2015 年非营利组织捐赠收入来源看，其中企业占有绝大部分，另外还包括一些个人赞助，一部分来自于基金会。政府分联邦、州、城市(其中人口数 country 大于 city)三个级别对非营利组织进行资助。政府资助相对来说比例较低，占 5%左右。从数额来看，捐赠呈现逐渐减少的趋势。1990 年以来，政府对艺术团体的拨款明显减少，只能达到原来的一半。但是地方政府会在这方面进行调整，通过增加拨款的方式来加以弥补，进而填补这一缺口。所以从总体情况来看，拨款并没有减少，无论是地方政府还是联邦政府在这方面都比较重视，这也促进了非营利演艺团体的发展，其中地方政府的重视程度显而易见。州政府同样会给予一定补助，根据近些年的统计数据显示，虽然每年会呈现一定波动，但是整体相对平稳。政府虽然给艺术组织资助，但是受资助方必须要符合要求，在这方面有着严格的规定，相对于企业基金会来说要求更高。以 NEA 为例，他们对捐助目标有着明确的要求，必须要满足相应条件，否则不会得到捐助。首先必须要符合要求,满足一定条件,并且是非营利组织;其次必须要有一定的制作经验,否则提交的申请不会通过,一般这个经验时限为三年;申请时要提交最新财务报告,捐赠组织必须要了解这个艺术团体的财务情况,在此基础上决定是否进行捐赠。基金会会参照一定标准作出评判,首先要确定该组织的能力,依照其创造的艺术价值来加以判断;其次要参看该组织的艺术作品,是否是高标准的作品,是否有创作这类作品的能力;另外要看该组织的艺术作品是否具有多样化要求,是否能够满足公众需要;同时邀请公众参与其中进行评判,也有助于其对知识和技能的掌握,强化社区艺术组织。

社会资金也是收入主要来源之一。这其中主要构成是社会捐赠,其中一大部分为企业捐赠,除此之外还有一些个人赞助者,会为组织提供一定资金支持,基金会也是社会资金的来源。由于这部分资金是来自于非政府的组织或个人,因此被称为民间捐赠。民间捐赠所占的比例日益增大,已经接近了政府资助的水平。由于政府的资助日益减少,使得非营利组织所获得的资金也在减少,这部分空缺需要民间捐赠补充。美国一向鼓励自愿捐赠,并且出台政策给予支持,捐赠人可以通过这种方式获得减免税费,同时可以保证公共物品的供给,对各方都有利。公司捐赠非营利组织,同样注重回报,会涉及营销战略方面,也会提出许多条件,相对于其他捐赠者来说较为苛刻。民间捐赠可以补充资金上的不足,同时也维护组织的亲民性和自主性，有利于汇集民间资源，为政府减少一定资金压力，也利于社会风气的优化。

表 2.2.5　2015 年营业收入资金占比明细
（TCG 剧院平均水平）

	2013 年	2014 年	2015 年
预售票	17.2%	16.1%	15.9%
零售票	25.2%	24.9%	25.4%
外来演出	0.9%	1.0%	1.1%
票房收入总计	43.3%	42.0%	42.4%
巡演	0.4%	0.4%	0.3%
教育服务费	2.8%	2.7%	2.7%
版税	0.7%	0.5%	0.5%
演出授权费	1.3%	1.4%	1.5%
合作演出	1.2%	1.4%	1.3%
广告	0.3%	0.3%	0.3%
租赁收入	1.2%	1.9%	1.2%
其他	3.2%	2.9%	2.6%
其他创收总计	11.0%	11.5%	10.3%
分红	0.4%	0.3%	0.2%
投资回报	3.9%	3.3%	2.4%
资本盈亏	2.1%	3.9%	−1.8%
投资收入总计	6.4%	7.5%	0.8%
营业收入总计	60.6%	61.0%	53.5%

（四）营利性制作机构的筹资

在制作人组建商业戏剧制作实体后，需要找到投资者为戏剧制作提供资金。如果制作人不止一名，每一名制作人都有责任筹集资金。任何制作人都可选择以自己的资金投入。正如乔恩·B.普拉特所说："我一直认为，如果我看好某一制作项目，那么我就应投入自己的资金，承担相应的投资风险。如果我不看好某一项目，则不会投入自己的资金，也就无权分享投资收益。实际上只有在所需的制作资金超出了我自己的财力时，我才会接纳外部投资者的加入。由于奉行这一原则，我曾向获得了空前成功的《魔法坏女巫》投资，但也曾向一些失败的戏剧投资，损失了部分或所有投资。"[1]

大多数制作人都需要寻找投资者为戏剧制作项目出资。制作人一般从其熟人中寻找投资者，正如独立执行制作人亚历山大·弗雷泽（Alexander Fraser）所说："大多数制作人之所以成为制作人，就是因为有很好的融资渠道。不过当你刚开始自己的商业制作人生涯时，你可以从任何渠道寻找投资者，一般是在自己的亲朋好友中寻找。如果你能获得制作一部自己喜爱的戏剧作品的权利，却筹集不到足够的资金，那么你也可以让能为你筹资的合作伙伴加入制作团队。"[2]

城市广场制作公司（Town Square Productions）的首席

[1] 摘自对乔恩·普拉特的采访，2016年12月，纽约。
[2] 摘自对亚历山大·弗雷泽的采访，2016年12月，纽约。

制作人唐·弗朗兹(Don Frantz)建议制作人以创造性的方式全力寻找潜在投资者。“在为百老汇戏剧筹资时,第一步工作就是告诉人们你正在为百老汇戏剧筹资。我从联系曾给过我名片的人开始。你也可以给曾投资过百老汇戏剧的人士打电话,告诉他们:‘如果您对投资那一部戏剧感到满意,让我为您介绍具有类似风格和美感的另一部戏剧。’你必须告诉潜在投资者你多么热爱这部戏,用激情感染潜在投资者。作为制作人,你需要让投资者对商业戏剧制作感兴趣:新的人员、环境和乐趣。投资者向商业戏剧投资,并不仅仅是为了获得高额回报,还为了获得新的体验。”[1]实际上如果投资者的投资额大,与制作人保持良好的个人关系,也可挂名为戏剧制作人或联合制作人。

在筹资过程中,制作人必须确保与所有潜在投资者的联系都符合适用证券法的要求。

马克·劳斯同意唐·弗朗兹的观点,并补充指出,在筹资过程中应恪守道德规范:“说服别人向戏剧制作项目投资的最佳方式是告诉他们你非常热爱该项目,并说明向该剧投资成功的机会较大。当然你同时也需要提醒潜在投资者也有可能损失其全部投资,只有在确信自己能承担这种损失的前提下才可投资。(证券发行文件也必须包含此信息,提醒

---

[1] 摘自对唐·弗朗兹的采访,2016年12月,纽约。

投资者如果无力承受损失全部投资额这一后果,就不应进行投资。)在我制作生涯早期,曾竭尽全力为一部已在排演的戏剧筹资,我接受了一位老年妇女用其部分储蓄注入的投资款,但该剧上演后未获得成功。我一直为接受那笔投资款而感到内疚,即使我确信这位老年妇女现状不错。因此确信是否从能承受投资损失的人那里获得投资,对我来说非常重要。”[1]

在制作人为筹集戏剧制作所需的资金而联系潜在投资者以后,可邀请潜在投资者参加剧本试读会(由演员在舞台上读剧本)或研讨会。如果制作人仅出于吸引投资者为戏剧制作投资这一目的举行一次特别会议,并在会议期间为其呈示戏剧的排演片段,该会议就被称为“投资者试听会”。马克·劳斯强调说:“投资者的试听会已有点过时(目前类似的活动是剧本试读会和研讨会),但依然是制作人为戏剧制作项目筹资的可用手段之一。”[2]

为正式征集投资者,制作人会提供一份戏剧制作详细情况的招股文件。招股文件可以包括一份有限合伙协议,也可以是包含额外信息的单独招股书。在纽约州,招股文件及授权普通合伙人制作戏剧作品的协议必须在总检察长办公室备案。理查德·弗兰克尔给出了一个招股过程的例子:“作

[1] 摘自对马克·劳斯的采访,2016年12月,纽约。
[2] 摘自对马克·劳斯的采访,2016年12月,纽约。

为普通合伙人，你仅被允许通过招股文件来征集投资。你不得向投资者陈述招股文件未载明的任何重大信息，这样做是违法的。我可以对投资者说：'请向《理发师陶德》投资吧，该剧演员阵容强大，包括大明星帕蒂·卢波恩，剧情也令人耳目一新。'但是如果我希望和投资者讨论事实和投资额，我就必须这样说：'如果您对《理发师陶德》感兴趣，请阅读我们的招股文件，它包含您需要了解的该剧的所有详细信息。'招股文件中列示的信息包括：预算、创作团队、演员阵容、已制作的戏剧作品收益情况、其他特别信息、适用于该剧的特别条件例如在哪些地域内拥有该剧的权利。在说服投资者向某一部戏剧的制作投资时，不能只告诉他们不完整的片段信息。"[1]

音乐剧《为黛西小姐开车》(Driving Miss Daisy)、《伙伴们》(Company)(2006)制作人斯蒂夫·巴鲁(Steve Baruch)也认为必须"向投资者实话实说"。他指出："在我看来，在与投资者打交道时最重要的是我的信誉。我不仅从未对他们说过谎话，也从未粉饰过任何事实。我总是把导演的详细情况告诉给他们。如果导演是杰里·扎克斯(Jerry Zaks)，代表作包括《恐怖小商店》(Little Shop of Horrors)(2003)和《红男绿女》(Guys and Dolls)(1992)这样的大导演，我会告诉投资者导演已获得四座托尼奖。我会为制作的戏剧设立

[1] 摘自对理查德·弗兰克尔的采访，2016年12月，纽约。

最高的标准,但我从不扭曲事实。”巴鲁接着说:“在我从事戏剧制作的20年间一直以这种方式行事,从没有遭任何投资者埋怨。弗兰克尔-劳斯-菲尔特尔-巴鲁制作小组(Frankel-Routh-Viertel-Baruch Group)拥有1 000名投资者,其中没有一位投资者曾感觉我误导或欺骗了他。我们善待投资者,这样他们就会继续向我们制作的戏剧投资,这是我们的优势。”[1]

在投资者把资金交给制作人之后,制作人也必须善待投资者。巴鲁说:“在财务方面,我们每隔8星期就向投资者提供未经审计的财务报表。此外我还常给投资者去信,让他们了解戏剧制作的最新进展。我希望他们感到自己是制作团队的一分子,而不只是被动投资者。在戏剧上演后,我会把所有评论文章寄给投资者,包括差评,我希望他们了解各种评论。我还把主流媒体外的相关报道寄给投资者,他们认为这些文章很有趣。此外我们还向投资者寄送礼品,每一位投资者都会收到装在画框内的戏剧海报,费用由我们自己承担,而不使用戏剧制作的预算。我们还把演出唱片和纪念册(若有)寄给投资者。投资者还将获得贵宾席位,这对他们有极大的吸引力,能在百老汇剧院贵宾席就座让他们感到很荣耀。我们所做的这一切很多都是不寻常的。在通常情况下戏剧制作的投资者可能一年才收到制作人的一封来信(当

[1] 摘自对斯蒂夫·巴鲁的采访。

然，如果幸运的话会收到一张支票）。而我们认为爱护和善待投资者是极为重要的。”[1]

（五）非营利机构与营利机构的协同创新

营利性剧院完全是以市场为导向运作，奉行的是“高成本，高收益”的理念。为了提高竞争力，一些营利性剧院巨头逐步通过收购或并购的方式，打通戏剧产业上下游的完整产业链。同时，为了获得更多的赞助捐款，这些营利性剧院也采取了一些策略与非营利性剧院合作。

形式一：成立非营利性机构

舒伯特集团于 1945 年成立了舒伯特基金会（Shubert Foundation），其使命是为美国非营利性和驻地剧院提供资助。近年来，舒伯特基金会的每笔单项资助在 5 000—275 000 美元之间。

形式二：营利性剧院与非营利剧院结盟

这种情况在百老汇并不少见，是许多剧院的发展战略，众多有潜力的原创剧目和演艺人才可从中被发掘。百老汇商业戏剧经历了多年的发展，获得了巨大成功，但也出现了一些问题。纵观近几十年状况，风险逐渐增高是不争的事实，导致许多制作人和投资者望而却步，直接投资日益减少，许多商业剧面临困境，需要寻找到更有效解决方法。于是出现了先到非

[1] 摘自对斯蒂夫·巴鲁的采访。

营利剧院进行孵化,再将有把握的戏带回百老汇进行商演。

由非营利剧院向商业剧院转让戏剧可以多种方式进行。制作人可在非营利剧院选择剧目,决定按其原样转让给商业剧院。为此制作人可就戏剧的相关权利与剧院商定转让协议,与作者商定获得专有作品商业权利的协议,并与创作团队商定改编为商业戏剧的协议。之后制作人确定为在新剧院上演是否需要对戏剧进行修改,与剧组成员商定新合同,并开始戏剧的商演。非营利剧院可担任商业戏剧的联合制作人,或只是收一笔版税(由商业剧院为使用作品而支付的费用)或净利润(收入减去费用的部分)的分成,而不直接参与商业戏剧的制作。

不过制作人也可以与非营利剧院签订一份制作戏剧的协议,将之作为非营利剧院演出季的一部分。制作人将制作戏剧的必要权利许可给非营利剧院,并投入改进制作的资金。这笔资金可让非营利剧院制作出更为精美的戏剧作品或根据需要聘用更多的演员和音乐家。这种由制作人投入的资金被称为“制作增强费”。当制作人与非营利剧院商定此类交易时,非营利剧院同意使用制作增强费制作出专有作品,以此换取版税收入和未来商业演出的利润分成。此外非营利剧院还可以获得向商业戏剧投资或成为联合制作人的权利。“一般而言,非营利剧院的版税收入约为调整后净票房收入的1%至2%,此外还可获得约定的某一百分比的利润分成。”非营利剧院获得的利润分成比例从0.5%至10%不等。除就作品制作开展合作外，非营利剧院和商业制作人还可以进行管理营销和媒体宣传活动等方面的密切合作。不过非营利剧院完全控制作品制作，并负责做出所有艺术和制作决定，包括让商业制作人参与作品制作的决定。

新剧院（The New Group）的总经理杰夫·里奇（Geoff Rich）从非营利剧院的视角描述了音乐剧《Q大道》的商业转让过程：“《Q大道》最初是由商业制作人罗宾·古德曼（Robyn Goodman）通过一系列研讨会和试读会构思出来的。她引入了杰弗里·塞勒（Jeffrey Seller）和凯文·麦克隆姆（Kevin McCollum）担任制作合伙人。他们三人都认为由于该剧的独特性，需要对艺术精雕细琢、不适合非营利剧院来制作。为此他们邀请了多家非营利剧院参加剧本试读会，以发现哪一家剧院会对该剧感兴趣。艺术总监斯科特·埃利奥特（Scott Elliott）参加了试读会，很喜欢剧本的素材，因此我们表示乐于制作该剧。我们还认为需要与另一家拥有制作音乐剧经验更加丰富的非营利剧院合作。葡萄园剧院（Vineyard Theatre）也对《Q大道》感兴趣，因此我们两家剧院联合制作该剧，排演场地设在葡萄园剧院内。商业制作人向我们提供了制作费用的三分之一（约15万美元），作为制作增强费。我们两家非营利剧院保留对戏剧制作的艺术控制权，但也理解由于商业制作人投入了制作增强费，未来的商业演出由他们控制。我们制作完成了该剧，然后将之转让给百老汇，从百老汇的商业演出中获得版税收入，此外从该剧的其它商业活动中我们也将获得版税收入。”[1]

里奇认为由非营利剧院保留对戏剧制作的艺术控制权是极为重要的。“制作增强交易并不是合伙。在制作一部戏剧时，非营利剧院掌控整个制作过程。由于商业制作人投入了制作增强费，我们希望他们了解我们在制作过程中所做出的关键决定。不过一旦决定由非营利剧院制作一部戏，所有艺术选择都由非营利剧院做出，例如选择演员，增加或删减音乐曲目等。”[2]

尽管非营利剧院从制作增强交易中获得了经济收益，但里奇还是提醒非营利剧院要谨慎地从事此类交易。“非营利剧院不希望出现下列情况，即把制作增强交易作为偿付制作成本的方式，因为这已经背离自己的非营利宗旨。如果非营利剧院依赖商业制作人提供的制作增强费来平衡预算，这可能是危险的。”[3]

除从非营利剧院受让制作完成的戏剧外，商业制作人还可受让在其他城市演出的商业戏剧。理查德·弗兰克尔描述了 2005 年从伦敦将音乐剧《理发师陶德》转让到纽约的过

[1] 摘自对杰夫·里奇的采访，2016 年 12 月，纽约。
[2] 同上。
[3] 同上。

程。“《理发师陶德》的伦敦制作人(他曾与我们共同制作在伦敦上演的《卓依的咖啡馆烟雾缭绕》)邀请我们在伦敦观看该剧。在观看后我们决定引入纽约上演。为此我们需要获得伦敦制作人的许可(他拥有该剧在美国的版权),此外我们还需要获得该剧作曲和作词人斯蒂芬·桑德海姆(Stephen Sondheim)的许可。”[1]

除找到适合商演的专有作品方法外,还有一些商业戏剧是从其他娱乐形式改编而来的。一些外百老汇戏剧例如《劲爆的彩绘管子》(Blue Man Group)等,开始只是在小型剧院演出,在经改编后才转到大型商业剧院上演。此外,一些商业戏剧是改编自歌舞表演或独角喜剧。例如《捍卫穴居人》(Defending the Caveman)就是改编自罗比·贝克(Rob Becker)的一部独角喜剧,在百老汇演出了674场,然后多次在全美各地成功巡演。

在制作人选定一部将要制作的专有作品后,改进过程就开始了。不同戏剧的改进过程各有不同。如果一部作品已有完成的剧本,改进可包括对剧本进行一些修改。而另一些为百老汇制作的专有作品,则可能会举行多次试读会或研讨会对之进行改进。研讨会指由导演(有时还包括编舞家)在排练室主持全剧的排演,在排演后的4至5周呈现给观众(50

[1] 摘自对理查德·弗兰克尔的采访,2016年12月,纽约。

至100人）发表意见。不同戏剧研讨会的费用各有不同，最高可达40万美元。

即使是直接受让的作品，在开始排演前也可能需要进行一些改进。例如，美国版的《理发师陶德》就在演员选择上对伦敦版的《理发师陶德》进行了改进。理查德·弗兰克尔解释说："我们决定在这部音乐剧中使用明星。很显然，由明星出演使得该剧更容易筹集到制作资金，并能提高门票销售收入。但是伦敦版本的《理发师陶德》中没有明星，它是一部以合唱为特色的音乐剧。不过我们认为如果能找到在合唱团中光彩四射的明星，我们就会让他们出演。最后我们选定了两位明星出演，即迈克尔·瑟沃瑞斯（Michael Cerveris）和帕蒂·卢波恩（Patti LuPone），他们是杰出的演员，过去出演过的斯蒂芬·桑德海姆作品都大获成功，而且同时是优秀的合唱队员。"[1]

但是在非营利与营利机构合作的时候，美国的法律对这种合作模式监管严密：与营利性企业联合经营的非营利组织也必须审查联合经营安排产生了多大的个人财务利益或附带利益之外的其他任何利益。联合经营指两个或多个个人或商业实体为从事一项或一系列交易或项目，共同投入财产并一同工作。除非另有约定，合营各方将共享利润并共担亏

[1] 摘自对理查德·弗兰克尔的采访，2016年12月，纽约。

损。合营各方无需一定建立独立于各方的合营实体，尽管通常会组建独立的公司法人或合伙企业。合营企业的总收入将被课税。当非营利组织与营利性企业进行联合经营时，必须确定其董事、高管人员和雇员是否从联合经营中获取了个人利益（附带利益除外），或第三方是否从联合经营中获得了超出附带利益的其他个人利益。例如，一家非营利剧院从一家商业制作机构收到一笔制作增强资金，合作制作将在百老汇上演的戏剧，就是与该商业制作机构建立了联合经营关系。娱乐业律师卡罗琳·卡斯尔曼（Carolyn Casselman）指出："针对非营利组织与营利性实体间的联合经营，美国国税局将进行两个步骤的审查。首先将审查该联合经营是否有助于非营利组织公益宗旨的实现，然后审查非营利组织从事联合经营是否是仅为实现其公益宗旨，而不是为私人谋取利益（附带利益除外）。"换言之，非营利组织必须通过美国国税局的运作测试，不得谋取附带利益之外的个人利益。[1]

卡斯尔曼精辟地分析了非营利剧场接受商业制作机构的资金，共同制作戏剧这一行为所涉及的风险。如果一家非营利剧场接受商业制作机构的制作增强资金，董事会必须确保所联合从事的项目将有助于该非营利剧院公益宗旨的实现。如果所制作的戏剧适合进行商业性转让，董事会必须确

[1] 肯尼斯·W.克拉克森等(Kenneth W. Clarkson, et al.),《商法》[M],(俄亥俄州马森市,西南学院),2004 年,第 724 页。

保该非营利剧院(不论其在转让中扮演何种角色)将能在不受作为合伙伙伴的商业制作机构干涉的情况下,履行公益使命。在这一过程中,董事会履行其诚信义务和法定职责。为不违反其义务,董事必须确保艺术总监没有在未向董事会做充分披露的情况下就接受商业制作机构提供的资金或建立任何类型的合营关系。此外,如果该交易及其最后的商业性转让影响了非营利剧院履行其公益使命的能力,该剧院就必须拒绝与商业制作机构进行交易。[1]

如果一家非营利戏剧公司从一家商业制作机构收到一笔制作增强资金,为其改进某一戏剧的制作,该收入将不被课税,因为该交易并非是经常从事的交易,而且制作戏剧也与非营利组织的宗旨实质性相关。如果该商业制作机构决定在百老汇上演该戏剧,则将设立一家营利性企业,例如有限责任公司,而演出的总收入(减去与产生收入的活动直接相关的扣除额)将被课税。

当一家非营利戏剧公司收到来自于在百老汇上演的剧目的版税收入(为有权使用或制作作品而支付的版税)时,将不会针对版税收入纳税。该组织所收到的版税收入被认为是与该组织的非营利公益目的实质性相关。尽管如此,如果

---

[1] 罗琳·卡斯尔曼:《与天使起舞还是与魔鬼共舞:非营利剧场与商业制作机构间的制作增强交易》(Waltzing with the Muse or Dancing with the Devil: Enhancement Deals between Nonprofit Theaters and Commercial Producers)[J],哥伦比亚法律与艺术学刊,27(2004年春季号):333。

某非营利戏剧公司拥有一家营利性子公司(受该戏剧公司控制,从事商业制作的营利性公司),该营利性子公司将针对来自其商业制作的任何利润(包括所收到的版税和付费)纳税。非营利戏剧公司设立此类营利性子公司是为了防止自己不能通过美国国税局的运作测试。

第三节　基础设施要素

除了资金支撑产业集聚的发展之外,技术竞争也是产业集聚发展的另一个重要支撑。这种竞争也会随着集聚的进一步发展而加强,使得作为发展纽带的技术成为产业集聚不可或缺的部分。就演艺产业来说,基础设施如剧院场馆等,成为重要的技术要素。剧场对演艺事业发展十分重要,也是演艺产业的基础,专业剧场所带来的效果完全不同,稳定而先进的演出场所是竞争实力的根源所在,也是未来发展的前提,更是文化发展的重要标志。[1]

一、百老汇

百老汇由五大剧院管理集团控制:

[1] 王广振、曹晋彰:《中国演艺产业发展反思与演艺产业链的构建》[J],《东岳论丛》,2013,34(04):5-12。

(一) 舒伯特集团(The Shubert Organization)

舒伯特成立于1900年,初期通过购买土地或长期租赁的形式,拥有21家剧院,包括百老汇剧院18家、外百老汇剧院6家及纽约之外的3家剧院。18家剧院中超过1 000座的剧院有15家,剩余3家座位数分别是766座、804座和922座,以中国划分大剧场的标准,舒伯特家族在百老汇拥有的剧院基本上都属于大剧场规模。而他们拥有的6家外百老汇剧院,3家499座,两家350座,1家199座。以中国剧院座位数的标准则是4家中剧场和1家小剧场。舒伯特家族拥有的全部剧院几乎都在百老汇的核心区50街,第八第九大道中间。即便是6家外百老汇剧院也是位于核心百老汇剧院区,42—50街中间,百老汇第八第九大道之间。百老汇规定499座以内的剧院都不算百老汇剧院,即不在Tony奖评选范围。

舒伯特家族在百老汇的18家剧院,所有剧院的台口都达到12米左右的宽度,台口高度最低在7.3米以上,舞台深度不低于18米。

上海演艺大世界集聚区的剧院除了几家知名的大剧院如上海大剧院、文化广场、上海音乐厅、中国大戏院、共舞台达到了这个参数,其它剧院都未达到。舞台宽度达不到一定标准,意味着侧台空间不够,影响舞台布景和道具,舞台高度影响舞美景片安装,舞台深度达不到标准,大型的戏剧音乐剧没有足够的换台空间。

表 2.3.1　舒伯特家族剧院基础情况

剧 院 名 称	座位数	台口宽（米）	舞台高（米）	舞台深（米）
Ambassador Theatre	1 088	13.4	7.7	18.2
Barrymore Theatre	1 058	12	7.3	18.1
Belasco Theatre	1 016	11.8	8.5	18
Bernard Theatre	1 078	12.2	7.3	35
Booth Theatre	766	11.1	7.6	19
Broadhurst Theatre	1 156	12.2	7.6	19
Broadway Theatre	1 761	14.2	8.2	34
Cort Theatre	1 082	11.4	8.8	27
Forrest Theatre	1 851	13.1	9.1	24.3
Gerald Schoenfeld Theatre	1 079	12.19	11.58	16.8
Golden Theatre	804	9.32	7.31	15.97
Imperial Theatre	1 443	12.1	7.62	22.5
Longacre Theatre	1 091	10.6	10.4	18.9
Lyceum Theatre	922	10.1	9.7	18.5
Majestic Theatre	1 645	12.2	9.2	25.6
Music Box Theatre	1 009	12.2	7.9	18.3
Shubert Theatre	1 460	12.2	8.7	21
Winter Garden Theatre	1 526	13.4	7.4	25.6

（二）倪德伦集团(The Nederlander Organization)

集团在 1912 年购买了底特律歌剧院 99 年的租赁权后创

建。目前已发展为拥有百老汇9家剧院、全美各地拥有45家剧院、在英国伦敦拥有3家剧院的集团。集团位于百老汇最大的剧院George Gershwin Theater,共有座席1 933个。

(三) 朱詹馨集团(The Jujamcyn Theater Company)

朱詹馨剧院集团是美国百老汇的第三大剧院集团,成立于1956年,相比其它集团,朱詹馨在内百老汇的41家剧院中只占有5座,可是它却创造了许多知名剧目,惊人地获取了内百老汇总利润的三分之一。

(四) 旋转木马剧院集团(The Roundabout Theater Company)

旋转木马剧院集团是纽约最著名的非营利性剧院组织,在内百老汇拥有两座剧院:美国航空公司剧院和54工作室。其使命为:发展和推出先锋作品;为社区提供教育项目。

(五) Live Nation 集团

Live Nation集团是全球最大的演出公司,在纽交所上市。集团业务包括北美及全球的音乐会演出、剧院管理和戏剧演出以及全球票务等。集团在北美、英国和瑞典共拥有44座音乐剧院,其中7座拥有产权、租赁22座、3座拥有运营权,5座拥有订票权。

二、伦敦西区

伦敦西区是与百老汇齐名的全球两大戏剧中心之一,也是英国戏剧界的代名词。在沙夫茨伯里(Shaftesbury Ave)

和黑马克(Haymarket)两个区内方圆不足1平方英里(约2.5平方公里)聚集了49家剧院。伦敦西区在历史上由于地处伦敦旧城中心偏西而得名,如今这里已发展成了伦敦的市中心,伦敦的地标特拉法加广场(Trafalgar Square)、皮卡迪利广场(Piccadilly Circus)、唐人街(China Town)、国家画廊(National Gallery)都在该区域。伦敦西区剧院与百老汇剧院的经营管理模式相同,主要是由几大商业剧院集团来运营。

伦敦西区的四大剧院管理集团:

(一) 麦金托什剧院集团(Delfont Mackintosh Theatres)

卡麦隆·麦金托什(Cameron Mackintosh)是当今世界最负盛名的音乐剧制作人,从1967年至今,麦金托什已经出品了40部音乐剧,其本人制作的代表作品包括《猫》《歌剧魅影》《悲惨世界》《西贡小姐》等,不仅在百老汇和西区不断被复排上演,还被不同国家制作成当地语言版本的剧目长期上演。

戏剧制作不仅给麦金托什带来了声誉,还为他带来了巨额的财富和剧院管理的机会。1990年,麦金托什成为伦敦西区Prince of Wales剧院和Prince Edward剧院的管理者,他不但拥有经营权还拥有了这两家剧院的部分股权。随后,麦金托什成立剧院管理公司——麦金托什剧院集团。截至目前,麦金托什剧院集团在伦敦西区已拥有7家经典剧院的经营权(其中2家是长期租赁的)。

除了收购剧院，麦金托什剧院集团还资助孵化非营利剧院演出，如捐赠200万英镑(1英镑约8.78元人民币)给牛津大学奖励戏剧和音乐剧的最佳教授；捐赠100万英镑给皇家国民剧院，使《旋转木马》和《斯维尼·托德》两部经典剧目得以重新上演并获得了高度赞扬。麦金托什专业的内容制作能力得以让优秀的剧目不断产出，逐渐拥有大量版权，精于版权经济的麦金托什于1990入股全球第一大音乐剧版权公司 Musical Theatre International，并逐渐于2015年成为该版权公司的董事长和第一大股东，该公司拥有几乎百老汇和西区70%左右的音乐剧版权经营权。[1]

表 2.3.2　麦金托什剧院基础情况

剧 院 名 称	座位数	台口宽(米)	台口高(米)	舞台深(米)
Gielgud Theatre	986	9.1	8	11.8
Noel Coward Theatre	872	9.6	7.9	13.7
Novello Theatre	1 143	9.6	8.3	10.9
Prince Edward Theatre	1 650	13.1	9.2	11.4
Prince Of Wales Theatre	1 160	13.7	7.1	8.4
Sondheim Theatre	1 074	8.8	7.8	12.3
Victoria Plaace Theatre	1 517	11.9	8.9	10.4
Wyndham's Theatre	750	7.9	7.6	8.7

[1] 麦金托什剧院集团官网，www.delfontmackintosh.co.uk.

(二) LW 剧院(LW Theatres)

LW 剧院的前身是真正好集团(The Really Useful Group),由安德鲁·洛依德·韦伯(Andrew Lloyd Webber)创建于1977年。韦伯于1977年购买了伦敦西区的Palace剧院,此后又收购了New London剧院和Adelphi剧院。1999年,真正好公司与一家私募股权基金Nat West Equity Partners合作,以8 500万英镑收购了Stoll Moss Group,该集团曾是英国最大的音乐厅及剧院管理公司,全球共拥有50家剧院/音乐厅,其中10家剧院位于伦敦西区。2018年7月,真正好集团更名为LW剧院集团,重新设计打造LW这个更年轻有活力的新品牌。截至目前,LW剧院全资拥有及运营伦敦西区的6家剧院,分别是:Adelphi Theatre 座位数1 436座;Cambridge Theatre 座位数1 283座;Gillian Lynne Theatre 座位数1 108座;Her Majesty's Theatre 座位数1 160座;London Palladium Theatre 座位数2 286座;Theatre Royal Drury Lane 座位数2 196座。[1]

(三) NIMAX 剧院集团(NIMAX Theaters)

NIMAX 剧院集团由两个合伙人构成,Nica Burns 和 Max Weitzenhoffer,前者是英国知名的戏剧制作人,1993—2005年曾担任真正好公司的制作总监,后者则是百老汇的知名音

[1] LW 剧院集团官网,www.lwtheatres.co.uk.

乐剧制作人，曾多次获得美国戏剧托尼奖。2001 年，Max Weitzenhoffer 收购了伦敦西区的 Vaudeville 剧院，2005 年又联合 Nica Burns 收购了 4 家真正好集团旗下的剧院，而后成立了 NIMAX 剧院集团，经营伦敦西区的 5 家剧院。这 5 家剧院分别是：Apollo Theatre 座位数 775 座；Duchess Theatre 座位数 494 座；Garrick Theatre 座位数 718 座；Lyric Theatre 座位数 967 座；Palace Theatre 座位数 1 400 座；Vaudeville Theatre 座位数 690 座。[1]

（四）ATG 剧院集团（Ambassador Theatre Group）

ATG 剧院集团 Ambassador Theatre Group 是由剧院管理人 Howard Panter 在希腊船王家族成员的支持下创建的。2009 年 11 月，ATG 剧院集团引入私募基金 Exponent 共同收购全球最大现场演出公司 Live Nation 在英国全部的剧院管理业务。截至目前，ATG 剧院集团在伦敦西区共运营 10 家剧院，分别是：The Playhouse Theatre 座位数 786 座；Harold Pinter Theatre 座位数 796 座；Lyceum Theatre 座位数 2 214 座；Duke of York's Theatre 座位数 646 座；Phoenix Theatre 座位数 1 016 座；Fortune Theatre 座位数 431 座；Ambassadors Theatre 座位数 410 座；Savoy Theatre 座位数 1 131 座；Piccadilly Theatre 座位数 1 220 座；Apollo Victoria. Theatre

[1] NIMAX 剧院集团官网，www.nimaxtheatres.com.

座位数 2 328 座。[1]

三、上海演艺大世界

上海演艺大世界呈现出流量经济的蓬勃态势，离不开剧场与剧场在一起产生的集聚效应。区域内有 22 家专业剧场和 26 家演艺新空间，其中人民广场周边 1.5 平方公里范围内，正常运营的剧场及展演空间 21 个，密度达每平方公里 14 个，是全国规模最大、密度最高的剧场群。集聚化能够产生"1＋1＝N"的效果，演艺同样如此。其意义不仅在于人气的集聚，还在于通过提供多样化选择增加人流的驻留时间。

上海演艺大世界举行的演出，场次目前已经接近四万场。这是一个令人振奋的数字，接近东京演出市场，它展现出了"流量经济"的蓬勃态势。对文化市场来说，"流量经济"作为一种经济学范畴中的概念，一种因为生产要素和资源流动而产生效益的新的经济形态，生动地显示了城市文化的活跃度和市民的参与度。根据经济学界的预测，到 2025 年，全球流量经济对世界 GDP 的贡献价值最多可达 4 500 亿美元，占全球经济增长的 15％—25％，其中文化艺术市场的占比不可小视。

上海演艺大世界对于流量的拉动，首先得益于地理位

[1] ATG 剧院集团官网，www.atg.co.uk.

置：这是一个以黄浦区人民广场为核心区域，辐射整个黄浦区乃至上海市中心城区的演艺集聚和产业发展区。可以看出，其所在的区域，原本就与上海的黄金商圈紧密交叉，天然具备交通优势和大客流。但是，要把客流转化成观众，需要丰富的演出内容和节目样态。演艺大世界区域内大部分剧场都有各自鲜明的定位，正是依托这些定位鲜明的剧场，演艺大世界得以度身定制三大节展：上海国际音乐剧节、上海国际戏剧邀请展和上海国际喜剧节；也是依托这些定位鲜明的剧场，演艺大世界得以汇聚戏剧、戏曲、音乐剧、音乐会等各个门类的艺术表演形式，既有引进的经典剧目和首演剧目，也有本土新创剧目和长演剧目，从而吸纳、聚合不同需求的观演人群。大批首演剧目和独演剧目的落地，同样强化了演艺大世界对于流量的拉动力，并且把流量有效变现成了消费力。统计显示，区域内上演的“中国首演”“亚洲首演”“全球首演”剧目达 48 部。剧目呈现不断增长的趋势。

第四节 区位要素

产业集聚的区位要素，决定性地影响了生产要素的流向。在经济学中，土地是除了劳动力和资本外最重要的生产要素，但由于土地无法在空间上流动，因此要素流动似乎与土地无关，但事实上并非如此，土地与各要素之间形成天然的联系，彼此融合难以分割。生产要素的来源皆为土地，而原料和资源是流动性的，那么土地的因素必然也包含其中，并且占有重要位置。

当多个生产群体在一个区域内集聚的时候，大大降低了各自的运输成本，同时提高了劳动生产率，即“范围经济”。不同的产业，出于利用规模经济和范围经济的可能性不同，产业集中程度有很大差异。通常具有国际竞争优势的产业、企业都成群地分布在一个国家的某一城市或地区。演艺产业的国际空间布局总体上体现出了明显的区位特征，即演艺产业集聚区与大城市中心区不即不离。纵观一些发达国家和地区，产业聚集现象十分普遍，其中包括演艺产业，大多会出现此类现象，只不过程度上有所区别，如百老汇、伦敦西区、首尔大学路等等。演艺产业大量聚集，主要集中在城市中，这一现象的形成并非偶然，与历史文化密切相关。它是在此基础上逐渐沉淀下来，形成了一种互动关系。生产组织变化对其产生影响，也决定着其走向，制度安排也发挥着潜移默化的作用，在特定的背景下形成演艺产业需要丰富的演艺文化资源，所以一个区域的历史积淀和文化潜质对演艺产业集聚区尤为重要。

在区位要素方面，演艺产业可依托中心城市或依托高校形成优势。上海演艺大世界集聚区的发展，就与上海建设国际文化大都市密切相关。在上海这个国际都市，出现演艺产业聚集的现象，充分利用了上海向世界城市迈进的有利条件，反映了演艺产业集聚发展与城市文化经济之间的相互关系。演艺大世界集聚区的建设是上海演艺产业发展的主要抓手，也是上海文化产业的重要特色和宝贵经验。上海把产业集聚区建设作为加强产业集聚的重大举措，进一步推动了集聚区向更好的要素集聚，向更高的服务效率发展。

在产业集群中，还有一个特别和重要的“增长极”和“孵化器”，那就是高校资源。知识产业无疑是经济社会进入信息化时代后最重要的生产部门，肩负了未来发展的重任，其中不乏优秀的大学和科研院所，他们有着丰富的知识以及较强的知识创新能力，自然成为知识产业乃至整个社会的核心部分。

演艺产业作为文化产业的重要组成，其集聚发展，从本质上看，是依托知识经济发展而成的。以知识创造为内容的创新可推动文化产业发展，很大程度上，这种创新活力需要由优秀的大学和科研机构来提供。高等院校和科研机构在创新活力方面的表现，弥补了企业在创新能力方面的不足。就演艺产业来说，例如首尔大学路演艺集聚区的模式，该模式以具有创新活力的大学和研究机构为核心，形成产学研相结合的模式，具有知识溢出效应。它在一开始往往是由大学和企业自发集聚形成的，到形成一定的集聚规模之后，政府给予资金、政策、规划、宣传等方面的引导，加快了产业集聚的速度，终于形成一个具有规模优势的文化街区和演艺集聚区。无独有偶，上海文化广场剧院管理有限公司联合集聚区周边的相关高校，上海音乐学院、上海戏剧学院与上海视觉艺术学院共同发起成立了国内首家“上海音乐剧文化研究中心”，也开启了“产学研一体化”模式的探索。

根据上海市演出行业协会统计数据，2018 年，全市专业剧院共举办音乐剧演出 292 场，吸引观众 28.7 万人次，剧场票房收入 6 152.63 万元，在 11 个剧种中排名首位。音乐剧已然成为上海文化演出中重要的细分市场。其中，演艺大世界的音乐剧演出场次全市占比近 71%；而上半年音乐剧剧场票房排名前 10 的剧目中，有 6 部落地文化广场。[1]

基于目前汇聚与井喷的音乐剧市场环境，在经过多年深耕内容、整合资源的基础上，经过一年的孵化计划试水之后，“上海音乐剧文化研究中心”应运而生。成立后的“上海音乐剧文化研究中心”将以推进音乐剧孵化培育平台建设为任务目标，围绕音乐剧的理论研究、音乐剧的原创孵化、音乐剧的人才培养、音乐剧的制作营销四个板块，探索建立平台化多方协作的音乐剧“产学研”模式，以期提振中国音乐剧产业的创作动力、整合能力、市场活力，挖掘并培养中国音乐剧新生力量，从多角度提升中国音乐剧产业发展潜力。

---

[1] 上海市演出行业协会，http://www.spta.org.cn/index.html.

第三章 演艺产业集聚的动力机制

产业集聚需要对区域内资源要素进行整合。演艺产业中的各生产要素在集聚过程中发挥作用，形成一个动态系统性的变化机制。“在新经济地理学的逻辑框架下，产业集聚被认为是影响生产率高低的重要因素。”[1]关于产业集聚得以形成的动力机制，学术界大概有三种观点：一是认为市场在其中发挥主要作用，以此为中心自然形成产业集群，是市场发展的必然选择，也是其必然走向，集群地理分布无需遵照特定原则，是偶然形成的，比如克鲁格曼认为作为规模报酬递增下产生的外部经济产物，产业集群理论则强调了自发性，产业的形成是发展的结果，在历史的延续过程中出现，偶然因素在其中发挥作用。一个产业自身在不断发展，循环积累，使其不断扩大，同时也会将其锁定，让其局限在某一区域内。人们的预期在其中发挥重要作用，如果对某一地方充满

[1] 张公嵬：《产业集聚与资源的空间配置效应研究》[M]，北京：经济日报出版社，2014年，第8页。

希望，那么这个地方很快就成为一个产业集聚的中心。

第二种观点认为，地区特殊性起到关键性作用，产业集群的形成并非自然产生，而是与一个地区有关，当某一地区具有一定优势时，就会产生吸引力，在此处形成产业集群。该地区能够供给集群所需要的资源，并且具备相应需求，那么就必然会有天然的吸引力。文化氛围的营造对产业集群也会起到重要作用，对于促进产业发展有利，也会促进产业集群发展。政府政策的支持同样会发挥重要作用。知识的传播容易受周围环境影响，文化氛围所起到的作用不可忽视。生产性技术和技能的扩散存在局限，距离和扩散能力往往呈负相关，过大的距离难以使其发挥作用。一些学者对这一问题进行研究，认为引起产业空间集聚的原因不是单一的，消费多样化是其中重要因素，消费的需求促进了这一现象发生；柔性专业化同样不可或缺，是导致这一现象的关键因素。一个产业的发展离不开各种生产要素，彼此之间的交易需要成本，地理空间距离与成本之间呈现明显正相关，如果距离过大将会直接导致成本增高，这将不利于产业发展，为了克服上述现象，产业空间聚集由此而生。引发产业集群的原因很多，它们共同发挥作用，形成多重联系，使优势展现出来，外部经济的作用形成了核心竞争力，在这些确定性因素的作用下偶然性因素作用往往被忽视。

与上述两种观点相对，第三种观点则较为折中，认为产业集群的产生离不开市场竞争,其它因素也在发挥作用,地方政府的参与将会影响到产业集群,地区的优势也会发挥重要作用,任何一点都不可或缺。波特认为产业集群产生是源自竞争优势,因为这种方式可以提升竞争优势,那么必然会出现此类现象。竞争优势的影响因素增多,竞争当然必不可少,距离成本也要考虑,非市场因素同样发挥作用,彼此之间不会完全独立。产业集群的形成和发展过程中偶然因素与确定因素并存,市场因素与非市场因素并重。

由于理论基础的差异,不同的理论所获得的结论不同,对相应机制的观点也有所不同,导致最终的理解也存在很大差异。

第一节 人力要素与知识溢出

经济学家马歇尔认为三种原因可以影响效率,可以以此为出发点提高效率。一是这种方式可以促进专业化发展。二是地理上的集中有助于建立专业化劳动力市场,集中可促进劳动力共享,市场呈现专业化趋势,具有明显的特征。三是有助于知识外溢。[1]

[1] 姚林青:《文化创意产业集聚与发展:北京地区研究报告》[M],北京:中国传媒大学出版社,2013年,第65—66页。

产业集聚和人才集聚是相辅相成的共生关系。人才集聚是产业集聚区发展的人力资源保障，随着产业集聚区的出现，大量产业集中，也使许多人才趋之若鹜，出现了聚集现象。由此可见，产业聚集导致了人才聚集，而人才聚集又促进了产业发展，使其更具有吸引力，形成明显的优势，同时吸引更多人才，使他们聚集于此，二者之间互为因果。人力要素、人才的集聚，是区域经济发展的主要生产要素，是推动集聚区经济增长的主要原动力。

一、人才需求

国内外学者很早就关注到经济发展中的人才集聚现象。西奥多·W.舒尔茨指出人力资本的重要性，揭示了人才质量的提高对经济发展的推动性。马歇尔发现了人才集聚与产业集聚的密切关系，认为产业的集聚自然会导致人才的集聚。克鲁格曼和斯科特也从不同角度解释了人才集聚的诱因所在。由于产业聚集，那么在这一地理领域中就产生了大量工作岗位，对劳动力的需求也会随之增加，必然会形成吸引力，使劳动力向此处聚集，出现“吸纳效应”。随着劳动力的聚集，带来了大量的技能与知识，这个地区的产业得以迅猛发展起来，这些拥有各种技能的人才聚集于此，促进了其全面发展，使该地区产业能够迅速提升。产业聚集带来的优势显著，劳动力市场随之发达起来，劳动者聚集于此，发挥自己所长，协同配合，细致分工，从而满足产业发展需要。大量劳动力的补充，又为劳动分工创造了条件，也为专门化提供了基础，劳动力要素得以保障。演艺产业资源集中的地方有一个共同的特征，即它们对演艺产业活动参与需要一定基础，与当地的复杂劳动力市场有关，生产者大量聚集于此，提供了丰富的劳动力要素。

相较于传统经济发展中对有限资源所追求的最优化分配，演艺产业是基于人类创造性活动的，即非限制性的资源，因此具有灵活性、流动性强、项目导向性等特点，对于人才提出更高要求。由于产业聚集，产生了人才聚集，人力资本雄厚，知识储量丰富，大量的人才带来的是丰富的知识，其更新速度远超过其他领域。人才要素所带来的变化产生了巨大吸引力，使物质要素向此处聚集，这样有利于区域内的企业发展，在原有基础上不断扩大。企业的发展又产生了吸引力，集聚区外的企业开始向此处聚集，这又加剧了原有的产业集聚，使这种现象更为突出。对于演艺产业来说同样如此，集聚区中的艺术创作群体更能加强相互间的信息交流，并能获得更多的专业化服务和知识信息。由于大量人才集聚于演艺集聚区，演艺企业能够以较低的成本获得更多的人才和知识创意，人才生产出的演艺内容是演艺产业集聚的重心。演员和制作人作为演艺产业的人力资源，流动性很大，所以演艺相关的企业和公司不会频繁地迁徙，演艺产业内的从业人员要向这些企业和公司的所在地流动。演艺企业和公司也需要专业人士的集聚，才能扩大规模，承接大型的项目活动，如果没有演艺产业的集聚，专业演艺人才就有可能流失。演艺产业从业人员的地理邻近，有利于演艺产业创意的生成与隐性知识的溢出。演艺企业更容易招聘到所需要的演艺人才与艺术管理人才。

集群内部社会关系网络值得关注，其重要性不言而喻。一个集群是否稳定，社会关系网络至关重要，这也是其核心要素所在，这是人们在信任的基础上长期形成的。对于演艺集群来说，有本地网络，同时也与社会存在着各种联系，这是基于私人友谊和熟悉度而产生，与商业及创新无关。因此，演艺集聚区的形成与稳定，有利于演艺人才的集聚与演艺内容的创作。

二、知识溢出

集聚带来了不同的效果，包括人力之间的接触，他们本身属于不同企业，但是集聚增加了沟通的机会，更容易形成思想碰撞，这往往是创新思维生成的基础。通过公司之间高技能人力资源的流动，知识和创意在地区边缘间循环。因此，通过面对面的沟通，知识在公司内部和公司间进行转移。如果不同企业在同一园区，那么彼此之间交流必然增多，无论是管理人员还是技术人员，他们都可以从交流中获取灵感，这就是知识溢出。“知识溢出已经成为创新产业空间集聚的主要因素。”[1]

知识的溢出效应，主要表现为链锁、模仿、交流、竞争、带动与激励等效应。[2] 知识本身就具有开放性，可以通过互相交流而传递，这也是学习知识的一种常见方式，随着交流的增多，学习中所产生的火花也会随之增多，创新随之而来，更多的新知识出现，新知识是在知识交融中产生，是在学习消化中出现，知识溢出可以提高知识资源的配置效率。知识溢出已经被认为是一种重要的知识创新和经济增长的源泉。演艺产业是一种文化艺术类的知识型产业，演艺创作正是一种知识要素集聚的体现，演艺内容从构思、制作、演出到最终被观众接受，整个过程的各个阶段都涉及知识要素的作用。演艺作品在集聚区之外的呈现，比如异地巡演，也是演艺集聚区知识溢出的一种表现。一个演艺集聚区要形成知识溢出效应，首先要扩大自己的综合实力，以强大的竞争力进入文化市场。演艺产业的集聚能够形成区域性的品牌，吸引更多的高品质企业集聚，比如百老汇和伦敦西区的音乐剧在全球范围内已经形成品牌效应与口碑，影响力辐射到全世界。演出剧目如果打上百老汇或伦敦西区的品牌，更有利于开展

[1] 褚劲风：《创意产业集聚空间组织研究》[M]，上海：上海人民出版社，2009年，第193页。

[2] 孙兆刚、徐雨森、刘则渊：《知识溢出效应及其经济学解释》[J]，《科学学与科学技术管理》，2005(01)：87—89。

市场的营销，形成“叠加优势”。比如百老汇、伦敦西区的经典音乐剧《猫》首演于1981年，次年在全球巡演，据该剧官网数据统计，至2002年宣布停演为止，《猫》在伦敦演出近9 000场，在百老汇演出7 000多场，被译成15种语言，在全球30多个国家演出，超7 300万观众观看。[1] 该剧打破多项纪录并荣获包括托尼奖在内的多个奖项，一度成为票房最高、公演时间最长的舞台剧。也正是因为百老汇和伦敦西区的品牌效益，成为了《猫》全球巡演成功的基础，在任意市场投放该音乐剧时，百老汇和伦敦西区的头衔足以让音乐剧爱好者趋之若鹜。

第二节　资本要素流动与成本递减

一个产业要成功实现集聚，需要满足一定条件。首先，要考虑的是要素条件，要素包括很多部分。资本要素是重要方面，产业的发展离不开资本，如果能使它迅速向某一区域内流动，那么将有助于这一区域内的产业发展；劳动力因素不可或缺，与其他要素之间相辅相成；产业技术的流动，可以

[1] 百老汇官网，www.broadway.com.

促进自身发展，产生更强的吸引力，从而实现自身的提升，如果与资本结合起来，必然会产生更好的效果。其次，市场供给十分重要。只要有市场需求，那么就可以接纳生产出来的产品，企业获取利润，在此基础上获得发展。最后是制度环境。一个地方政府的政策往往会起到非常重要的作用，支持鼓励的政策大多具有吸引力，促进产业集聚；商业文化制造出不同的氛围，对于文化产业的发展至关重要；习惯的影响同样不能忽视，如果在制度上加以完善，采取鼓励态度，那么必然会促进产业集聚。其中，资本等生产要素的流动是最关键的条件。

一、资本要素的流动

在市场经济条件下，资本是最具流动性的生产要素，其空间交易形态最容易发生变化。作为一种生产要素，资本的流动将对流入区域的产业发展、结构调整以及区域经济增长产生影响。资本大量流动，首先有利于资本流入地区企业的技术创新和竞争力提高。其次，资本流动的扩大，特别是货币资金流量的扩大，有利于产业集聚区的形成与发展，能够增强一个企业、一个地区、一个城市甚至一个国家的竞争力。一个区域的资本流动量与该区域的产业集聚状况是协调发展的。

资本流动最直接的动因是经济利益的驱动。资本流动既包括直接投资引发的资本转移，也包括以短期获利及投资为目的的资本流动。资本流向产业集聚区，形成循环累积的因果效应。通过资金的大量支持和集中，可以增强集聚区研发能力，使其能开发新的产品，满足市场需求，提升自己的水平，同时也能够提供技术支持，促进经营模式的转变，使经济得以迅速增长。资本的自由流动通过影响产业集聚区内企业的行为，并最终加强产业集聚区的竞争优势及促进区域经济的可持续发展。

二、成本递减

经济现象研究中离不开成本分析，对演艺产业来说同样如此。对演艺产业集聚进行研究，也从成本的角度出发，在此基础上展开深入剖析。亚当·斯密在古典经济学时期就论述了运输对区域间贸易发展而言，很重要的是成本降低。他还在《国富论》中提出自己对分工的看法。他认为市场范围在其中起到主要作用，在交易需要的基础上产生分工，反过来又会影响其发展。市场交易存在必然产生交易成本。产业集群的形成是市场和企业组织相互结合的产物。人与人、企业与企业在交换过程中，便形成了包括竞争与合作的市场关系。

集聚企业的成本递减是产业集群形成的基础。空间互相作用成本不仅仅包括运输成本，而且还包括信息成本、制度成本及文化、语言差异等所导致的成本。集聚区内部的专业化分工和细化能够降低生产成本，产生集聚经济性，从而促使产业集聚的诞生。产业集群内部间明确的理性合作存在于各支撑机构之间。它们彼此存在天然联系，相互合作，形成集聚现象。多种因素可以促进其发生，首先在成本方面，产业集聚会进一步降低成本，低廉的成本往往更具吸引力；其次空间距离拉近可以提高合作效率，也是产生集聚的关键性因素。

产业集群中，各企业之间相互依存，因此彼此之间都在努力建立关系，保证长期稳定的交易。从经济学角度来看，产业集聚区内每个企业交易成本的降低而获得成本优势，这主要是由于客户邻近，节约交易费用，故交易不确定性可能导致风险成本降低。在产业集群内部，相近的企业聚集于此，彼此之间形成互补关系，因此交易行为较为稳定，大多能够维持长期性，互动次数较多。通过集群内的企业合作，可以有效降低成本，满足分工协作条件，保证正常运行。演艺产业集聚本身也符合上述特征，通过这种方式可以降低交易成本，提高效率，从而提高整体效益。因此，集聚使得交易成本降低，促进演艺产业集聚成长，这也是演艺产业集群组织优化的过程。

第三节　企业主体之间的互动

集群是一个有机的经济活动整体，其内部包括围绕特定产业(如演艺产业)所集聚的企业群,也包括相关的机构、协会、商会、中介机构等,有着比单个企业更为多样和广泛的社会网络和经济力量,由此也产生了相应的辐射力和凝聚力,有各种文化范围内的交流项目和活动。产业集聚发展的核心是集群结构,即构成集群的各个主体之间的联结方式及其所形成的相互关系、相互作用。在产业集聚区,各企业之间有着必然的联系,他们都围绕同一特定产业而生存,彼此之间存在上下游的关系,因此都是相关产业企业。集群企业在地理位置上的邻近,往往赋予了其地缘和亲缘关系,这种相互关联关系更容易建立信任,促进企业顺利进行交易。迈克尔·波特提出,产业集群是相互关联的企业、服务机构等在地理空间上的集中现象,它们相互竞争又相互合作。企业主体在空间上的集中,一方面加剧了竞争,因为工作集中意味着过剩,过剩必然带来竞争,最终将会是标准提高,反过来又会有助于自身竞争力的提升,从而促进发展。另一方面,促进协作和成功经验的传播。围绕着特定产业的企业高度集中,彼此之间必然会存在协作关系,由于所有企业都围绕着特定产业而生,缩短的距离有助于经验的传播。

企业之间地域邻近,它们的主业都围绕着特定产业,因此可以分工协作,并且在区域内进一步发展起来,构成集群的各个主体之间的互动,从产品和要素的交易,到知识和创意的共享,为产业集聚提供了源源不断的动力。在知识的扩散和信息的联系中，各个主体之间的联系逐步加强，合作必然存在，缩短的距离会增加合作的机会；竞争自然也无法摆脱，大量的企业聚集必然带来竞争。当企业在区域内集聚，彼此建立联系，形成复杂的关系，最终会推动整个区域产业发展。正如艾伦·司各特所说，企业通过集聚在一起，能节约彼此之间相互联系的空间距离，而获得在集中空间内生产的多重优势，并能利用许多不同却相辅相成的专业制造商的集聚，而带来丰富的信息和创新潜力等等。[1] 大型公司根据定位不断外发非核心业务，使得以其为中心的产业价值链以及中小企业集聚群形成。创意产业中的中小企业占企业的绝大多数。举例来说，英国文化创意部门里56%的主要工作人员受雇于25人以下的公司；好莱坞特有的产业链也是依靠着集聚在那里的无数小型企业，实现不同项目合作。[2] 20世纪80年代，以Scott和Storper为代表的加利福尼亚学派经济地理学者，就关注到电影产业的集聚现象。[3]

演艺集聚区内布局着大量的中小剧场，这是原创实验、先锋戏剧的孵化和试验平台。以伦敦西区和首尔大学路为例，区内都分布了50家以上的中小剧场，特别是首尔大学路

[1] Allen J. Scott, *Social Economy of the Metropolis: Cognitive-Cultural Capitalism and the Global Resurgence of Cities*[M], Oxford University Press, 2009.

[2] 王发明：《创意产业集群化导论》[M]，北京：经济管理出版社，2011年，第6页。

[3] Storper M., Allen J. Scott, "The Wealth of Regions: Market Forces and Policy Imperatives in Local and Global Context"[J]. *Futures*, 1995, 27(27): 505-526.

的每幢建筑里都布满了排练、培训空间。这些小剧场成为各类原创剧目的集聚地，不但大量创作人员集聚于此，年轻观众们也喜欢光顾这些地段。在这些中小剧院脱颖而出的优质剧目和演员将通过版权交易模式或资助合作关系转让给集聚区内其它大型的制作公司，以实现商业性的转化。此外这些中小剧场还担负着重要的剧本朗读、排练的重要功能。因此，演艺产业在组织形式上存在着明显的网络化特征。这种联结包含着一定的物质流、资金流、人才流和信息流，也就是说集群结构是一种网状结构。在这种复杂的网络结构中，各个主体相互交流，不断学习，积累经验。

第四节　区位要素的空间集中

产业集聚是一种发生在某一特定地理区域内的经济过程或现象。产业集群理论的核心观点是一地的产业和经济发展驱动力来源于内部力量，即产业活动的空间集聚效应。根据克鲁格曼的“中心-外围”模型，企业布局具有一定倾向性，往往更关注于大的市场空间。因此如果在市场规模上进行调整，那么必然会产生吸引力，使更多的企业向此处转移。“文化以及企业运行惯例的相近，更能促进集群企业信息与知识，特别是隐性知识的流动，易形成共同的交流与沟通平台。”[1]

“空间距离上的靠近使得这一系列处于同一市场或领域、围绕着某特定核心产业的企业和机构间不可避免地产生协作与竞争,形成一种彼此依赖、互动共生而又激烈竞争的局面。”[2]同时,空间上的集中,也使得众多专业人士集中在一起,能够激发出集思广益的创作灵感与热情,就演艺行业而言,空间上的集聚也提供了良好的艺术氛围。1927 年至 1966 年,百老汇进入了黄金时代,流行音乐的风行,编舞型导演的大量涌现,新舞台技术的提升,500 座以上剧场的群聚,从百老汇到外百老汇和外外百老汇的圈层空间结构,形成了百老汇演艺娱乐集聚区的新组织模式,逛百老汇也成为体验美国大众娱乐文化和都市时尚的典型形态。美国纽约百老汇成为演艺产业集聚区,集 580 多家剧院和大批演艺公司和艺术家,成为世界演艺业的中心,成为美国娱乐文化的主要代表,孕育了有演艺界奥斯卡之称的托尼奖。19 世纪 20—30 年代形成的以伦敦西区等为中心的演艺娱乐产业群,也集聚了 50 多个剧场和一批优秀的艺术基金会、艺术经理人和创作人,诞生了《猫》等一大批优秀音乐剧。可以看出,区位要素对于演艺产业空间集中的重要吸引力。

---

[1] 李帅帅:《企业集群互动合作与创新机制研究》[D],吉林大学,2010 年。

[2] 花建:《文化产业的集聚发展》[M],上海:上海人民出版社,2011 年,第 8 页。

人类发展的脚步始终未曾停歇，生产活动以多种形式与人类历史伴行，生产空间也在不断发生变化，集聚与扩散是一个发展的过程。人类所涉及的领域越来越广阔，放眼全球，布局形态和关联方式也在发生着转变。产业关联并不仅仅在区域内发生，同时也与地缘经济密切相关。现代产业集聚被注入了新的内容。在某一个地理空间中，大量的演艺产业企业聚集于此，那么竞争将难以避免，所产生的压力巨大，反过来又刺激了企业加大创新投入，提升以创新为核心的竞争力。

第四章　演艺产业链及相关产业联动

产业链指各个产业部门在技术、经济方面具有一定关联，在时间、空间的特定逻辑关系中形成的链条式关联。演艺产业链，是演艺产业中展开的各个环节之间，以及演艺产业与其他成员之间的关系，彼此之间难以分割、相互依存。在区域内，产业链得以发展，规模不断扩大，相关产业聚集于此，形成了高度集中状态。同类企业相互关联，通过产业链连接了上下游企业，最终形成区内聚集现象，出现产业集群。产业集群的形成使整个格局发生变化，以往企业各自为政，呈现分散状态，随着产业集群的出现，彼此之间形成了网状产业链结构，展现出集中态势，具有密集型特征。当产业链发展到一定高度时就形成了产业集群，是现阶段生产力的标志。[1] 可以站在不同的角度看待产业集群，加快演艺产业

［1］ 惠宁：《产业集群的区域经济效应研究》[M]，北京：中国经济出版社，2008年，第17页。

链发展，使规模效应得以充分释放，从而提升我国演艺产业竞争力。

第一节　产业链的构成及关联产业的支持程度

文化产业集聚是在产业链的前、中、后都能够形成产业集聚，进而提高集群内企业竞争力和综合效益。演艺产业本身就具有集聚特征，并且演艺产业的空间集聚多发生在经济相对发达、文化多元、创意和技术人才丰富、基础设施完备的城市，汇聚了许多演艺剧场及相关服务、辅助与支持机构等。“密切的经济联系导致了产业集聚，产业集聚的关键在于集聚的各个产业，在分工和专业协作的前提下形成产业链，同时也促进了价值链的形成。”[1]演艺产业集聚，可将创新内容传送到产业链的各个部门，再造和重组不断进行的过程中，整个产业链的能级和规模都能得到不断提升。演艺产业的集聚发展，显现出了延伸向上游生产制作和下游营销消费环节的产业链规律，拥有更高商业价值、结构更紧密的产业集群就会产生。

---

[1]　花建：《文化产业的集聚发展》[M]，上海：上海人民出版社，2011年，第7页。

一、演艺产业链的构成

演艺产业链由三个要素构成，即“生产”“演出”“消费”三个阶段。生产阶段作为其中最重要的环节，包括了从建立项目组到确定演出项目到融资再到制作过程：创作、招募演员；演出制作再到公开面世：试演和预演、首演和公演等流程。“演出制作人”“剧院经营者”“演出经济人”是产业链条上的核心主体。“演出制作人”指的是开发并制作剧目的主体，他们有三方面职责，一是法律方面，他们负责获取作品包括版权在内的法律权利；二是经济方面，他们要负责筹集资金；三是节目制作方面，他们需要监督节目的开发过程以保障节目的成功；“演出经纪人”是制作人和巡演院团机构之间的中间人，主要负责版权等经济业务。

目前，无论是纽约百老汇、伦敦西区还是首尔大学路集聚区的剧院在艺术产品制作中，都走了一条打通全产业链之路，精品层出不穷，离不开产业链的完整整合，也离不开细致化的分工。

（一）产业链上游：生产制作阶段。制作公司通过原创或购买版权方式获得剧目。随着时代的发展，剧目的制作费用水涨船高，大型音乐剧的成本通常在上千万，如 2007 年制作的《魔法坏女巫》（Wicked）制作成本在 1 400 万美元左右。虽然回报方面很多戏亏本，但一旦盈利，会获得高额利润。

如2013年Tony奖最佳音乐剧《Kinky Boots》，2013年3月上演，到演出899场时，票房总计达到1亿5千万美元；2011年的Tony奖最佳音乐剧《The Book of Morman》，2011年2月首演，到目前共演出了1 750场，票房累计3亿4千万美元。这些成功剧目的回报已经无法用传统的投资回报率的概念来衡量。面对这样的情况，最初的“投资人”转变成为了“风向投资人或天使投资人”，因此每一个大型音乐剧的制作必须采用项目制的工作方式。这里特别值得一提的是音乐剧的“试演体制”。如果一个节目被推出后并不受到欢迎，观众不愿意买票去观看，那么就要寻找原因，制作人会在原来的基础上一直做修改调整，甚至做最坏的打算：停演、解散员工、清算公司，最大限度减少损失。

（二）产业链中游：剧目演出阶段。演员由演员工会负责管理。在美国，戏剧学院和音乐学院的毕业生或者自己参加培训的演员需要通过演员工会的招考，才能成为在专业剧院演出的演员。剧团是项目制的结构，因此剧团和演员没有“终身制”，采用聘用制。我们国家目前主要以国有院团为主，虽然也有行业协会，但并不能起到美国演员工会的作用。比如，目前在我国大部分的音乐剧制作中，演员也是通过项目聘任制进剧组，他们类似自由职业者，工作很不稳定，且没有机构给他们缴纳社保基金，这样导致了大部分音乐剧演员转行的现象，要么进入一些国有院团，要么转行演影视剧，这将对音乐剧行业产生巨大影响，导致人才匮乏，青黄不接，不利于整个行业发展，对于音乐剧产业极为不利。

(三) 产业链下游： 营销、消费阶段。观众可通过剧院联盟和诸多相关网站随时了解伦敦西区、百老汇和首尔大学路演出的最新资讯和整体动态，其中不仅包括演出信息，还涉及专业评论家和观众的评论。观众的参与感互动性非常强。在售票方面，三个集聚区都采取多样化便捷的售票方式：一是在剧场买票。这种方法较为直接，当面购买，无需中间环节，也不需要支付手续费，但相对来说折扣上就有所欠缺。剧院中的售票窗口主要分为三部分，其中一个专卖预订票，不进行其他的服务；另一个为取票窗口，一些人群通过第三方媒介进行预订，如上网或电话等方式，完成后需要到窗口取票，这部分窗口则负责发放这类票据；最后一个窗口主要负责售卖当天的演出票。二是在伦敦西区和纽约百老汇的当天半价票亭(TKTS)，这里只出售当天座位的半价票，缺点是排队时间很长，且很多热门的戏票都没有售卖。三是各大票务网站，在这些网站上，常常有打折票出售。

除了整个产业链各重要环节的重要工种都集聚在伦敦西区、纽约百老汇和首尔大学路，集聚区内还拥有一些重要的国家级非商业剧院(英国/韩国)或非营利剧院(美国)。这些剧院是新人新剧培养的支持平台。比如伦敦西区的皇家歌剧院、皇家剧场、英格兰国家歌剧院、皇家国家剧院和皇家莎士比亚剧院等5家国家级非商业剧院，在培育新人新剧方面发挥了重要作用，这些剧院常年上演着代表英国艺术水平的传统英国戏剧和经典剧目，并经常为一些有探索性和超越性的实验剧目提供演出支持。如果观众能够认可，这些剧目就可以转而进入商业剧院演出，这样更经得起市场的考验。如音乐剧《悲惨世界》等，在皇家莎士比亚剧院进行试演，随后转入商业剧院王宫剧院演出。再比如在纽约百老汇，这里有旋转木马剧院集团，其在内百老汇拥有两座剧院：美国航空剧院和54工作室。其使命为：重塑美国历史上的经典音乐剧和话剧作品；为社区的儿童和成人提供丰富的教育项目。曼哈顿剧院俱乐部以发展和推出当今剧作家和作曲家的先锋作品为使命。公众剧院最早以演出莎士比亚的作品为主，每年在中央公园举办免费的莎士比亚戏剧节。但逐渐也开始孵化支持美国本土新作品的创作，比如百老汇最热的音乐剧《汉密尔顿》最初就是在该剧院首演。这种运作方式可以利用非商业性剧院有效延续国家传统戏剧文化艺术，同时能够降低商业性剧院在剧目生产过程中的各类成本。

二、相关产业联动

产业集聚区作为一种在地方上建立的产业体系，它的结构不仅包括区内企业之间的相互关系，还包含了企业与当地政府部门、各类中介服务组织或企业之间以及员工之间的多种复杂的交叉关系。集聚是指在特定区域内的集中,这些企业大量集中于某一地理范围之内,彼此之间有可能具有相关性,但有可能是无关企业,形成一个群体,获取竞争优势。但是这些企业往往都属于某一特定产业,形成共存关系,一些支撑产业也会包含其中。[1] 演艺产业涉及的行业较多,产业链也比较长,但是并非任何一个行业都可以成为演艺产业集聚的中心。在演艺集聚区内,也有着众多支持演艺内容创作生产要素及资源的聚集服务。演艺产业集聚可以鼓励专业服务方面的基础设施发展,有助于效益的提升。

演艺产业的发展受多种因素影响,相关产业是重要的手段和载体,在很大程度上成为演艺产业集聚的催化剂。因此,演艺产业周围都建有完善的相关性产业,成为特定产业中必不可少的部分,发挥支持作用,形成强大的支撑体系,促进创新,从而获取竞争优势,有利于集群发展。生产成本、区域营销和市场竞争优势等诸多经济方面的竞争优势来自于集群内企业的合作与竞争和因之产生的群体协同效应;区域创新系统通过相关机构和企业间的作用,提升整个集群的创新能力。[2]

---

[1] 李庄容:《产业集群在县域经济向城区经济转变中的应用分析——以汕头市潮南区为例》[J],《特区经济》,2006(04)。

[2] 魏后凯等:《中国产业集聚与集群发展战略》[M],北京:经济管理出版社,2008年,第219页。

第二节 演艺产业的观众结构特征和消费需求分析

产业空间集聚多种因素在其中发挥作用，消费多样化是其中的关键所在，由于存在消费需求，客观上促进了这类现象的出现，而柔性专业化同样不容忽视。[1] 演艺产业鼓励消费，正成为我国国民消费结构升级转型过程中的重要产业支撑，在促进演艺产业繁荣上消费环境也成为了重要推动力。

一、观众群体构成及其结构特征对比分析

据上海文广局内部统计资料来看，上海“十二五”期间，全市可用剧院124个，其中包括专业剧场52个，此外还有兼营演出与电影放映的影剧院。

全市剧场“十二五”期间年演出约1.2万至1.3万场次，观看演出人次约750万，年演出票房收入约12亿至13亿元。市文广局仅对总场次和观众全年总人数进行了统计，并没有观众年龄、性别、受教育程度方面的数据。在这方面上海的

[1] 吴利学、魏后凯：《产业集群研究的最新进展及理论前沿》[J]，《上海行政学院学报》，2004(03)。

剧院正在逐步开始做观众构成要素方面的统计。上海话剧艺术中心(简称“上话”)2005年左右开始建立会员的CRM的系统,通过售卖会员卡收集会员资料,观众因为购卡可以打折买票,就愿意留下个人资料。后来为了与会员有更多交流互动,开始做会员活动,从剧组见面会开始,利用这个平台在观众不看戏的时候跟演员、导演其他工作人员有更多的交流。2005年开始做观众拓展活动,第一次活动请导演给观众做《商鞅》的讲座,此次活动只有40个人参加,但是到现在为止平均每两星期都会有一次活动,每次活动基本上都会有150人到200人。到2012年,形成会员活动的品牌,这是一个时间节点。2009年到2012年,会员活动频率逐渐上升,做到后面会发现一个问题,内容虽然很丰富多,但是都是散的,没有形成一个品牌,观众只会觉得参加一次讲座了,但是不会有会员的归属性,所以上话开始想如何做品牌,就有了后来的“戏剧对话”。2012年形成品牌后,上话把所有的会员活动都归结到“戏剧对话”。到2015年在大的“戏剧对话”品牌下形成一些小板块。上话在每次会员活动时都积极做问卷调查,收集观众数据采样。目前会员俱乐部内共有观众数48 000人,这些人中2/3是女性,年龄以25—35岁为主。但就观众学历、收入和其它信息的数据并没有明确的收集,这跟国外的差距还是较大的。

上海大剧院的观众调查统计在国内做得相对比较好,因为有自己的售票系统，网上售票采取的是实名注册登记方式，所以数据与现场购票相比较，信息内容更为丰富。除了可以获取购票者的购买演出产品的信息，还能获得消费者的年龄、性别等客户信息。现在我们从四个维度看看大剧院的观众构成状况：

一是从观众的性别来看：在 2013 年，总共有 1 054 名观众通过线上购买方式购买了大剧院的演出票，其中男性消费者是 430 人，女性消费者是 624 人，女性观众比率为 59.1%，男性观众比率为 40.9%。

二是从观众的年龄维度看：网上购票的消费者平均年龄为 33 岁，线上购票的年龄集中于 30 岁—40 岁之间，28 岁的年轻人占总体比率的 7.2%，40 岁以下的消费者占了总体人数的 81.7%。

三是不同年龄段购买力均值比较：不同年龄段线上平均消费约为 268 元。随着年龄的增加，消费者的购买力水平也随之上升。其中年龄段在 36 岁—45 岁的线上消费者购买能力最强，平均约为 320 元；购买价格波动最小的为 16 岁—24 岁年龄段人群；而占金额百分比以及人数百分比最高的线上消费人群年龄为 25 岁—35 岁。通过购买力水平数据分析，从剧院获得稳定收入来源，实现盈利的角度来看，剧院的主要目标市场人群为 45 岁以下的中青年人群。

四是购买频率维度：总体上，80%的线上购买者为单次消费者，两次占13.2%，三次及以上的消费者占总体的6.6%。极端最大购买次数为24次。

通过上述四个维度的数据分析，上海大剧院的主要观众构成有两类：一类是具有初级表演艺术欣赏力水平且喜好各类表演艺术形式的年轻目标群体，具体描述为年龄在16岁—35岁，具有一次购买经验以及两次购买中低价位的人群；另一类是具有一定的表演艺术欣赏能力且收入良好，对歌剧、交响乐以及芭蕾舞等表演艺术形式偏好度较高的中年目标群体，尤其是女性群体。具体描述为所有三次及以上线上购买经历的消费者以及具有两次高价位线上购买体验，年龄在36岁—45岁的女性群体。

这两类人群的比例约为7∶3其中，16岁—35岁的人群占总体演出市场总数的70%；35岁以上占30%。35岁以下目标人群是剧院的中间消费群体，对表演艺术充满兴趣，偏向于购买中低价格的演出产品；而35岁以上人群具有一定的购买力水平，并且自身所接受的表演艺术教育水平程度较高，对演出产品价格的敏感程度相对较低，是中高票价传统经典演出产品的主要消费力量。[1]

演艺大世界剧场群的剧院除了上海大剧院之外，其它剧院也开始通过自己的售票系统做观众调查，但在笔者所能得

[1] 上海大剧院市场部经理宋扬在艺术管理专业的剧院管理课堂上的讲座，2016年11月，上海戏剧学院。

表 4.2.1　上海大剧院观众购买频率区间 & 年龄区间交叉表

		年龄区间				总计
		16 岁—24 岁	25 岁—35 岁	36 岁—45 岁	45 岁以上	
购买一次	人数	146	463	145	91	845
	购买次数比例	17.3%	54.8%	17.2%	10.8%	100%
	年龄区间比例	84.9%	80.7%	74.4%	80.5%	80.2%
	总体比例	13.9%	43.9%	13.8%	8.6%	80.2%
购买两次	人数	18	70	36	15	139
	购买次数比例	12.9%	50.4%	25.9%	10.8%	100.0%
	年龄区间比例	10.5%	12.2%	18.5%	13.3%	13.2%
	总体比例	0.8%	3.9%	1.3%	0.7%	6.6%
三次及以上	人数	8	41	14	7	70
	购买次数比例	11.4%	58.6%	20.0%	10.0%	100.0%
	年龄区间比例	4.7%	7.1%	7.2%	6.2%	6.6%
	总体比例	0.8%	3.9%	1.3%	0.7%	6.6%
总计	人数	172	574	195	113	1 054
	购买次数比例	16.3%	54.5%	18.5%	10.7%	100.0%
	年龄区间比例	100.0%	100.0%	100.0%	100.0%	100.0%
	总体比例	16.3%	54.5%	18.5%	10.7%	100.0%

到的数据中上海大剧院所作的观众构成分析最为详尽，因此以上海大剧院为例具备典型性。然而在数据调研方面，百老汇剧院联盟对观众调查分析极为详尽，比伦敦和首尔更加专业，这里以 2014—2015 年的演出季为例，分析百老

汇的观众构成及结构特征：

（一）百老汇的观众构成

对比近两年的百老汇剧院联盟的观众数据调研统计，2014—2015年度，百老汇剧目的观演人数创造了历史上前所未有的水平，观众人数达到1 310万。其中2/3是游客，这里面49%是来自美国的游客（不包括纽约及其郊县居民）；18%来自其它国家的游客。[1] 68%的观众为女性。[2] 百老汇的观众平均年龄为44岁。[3]

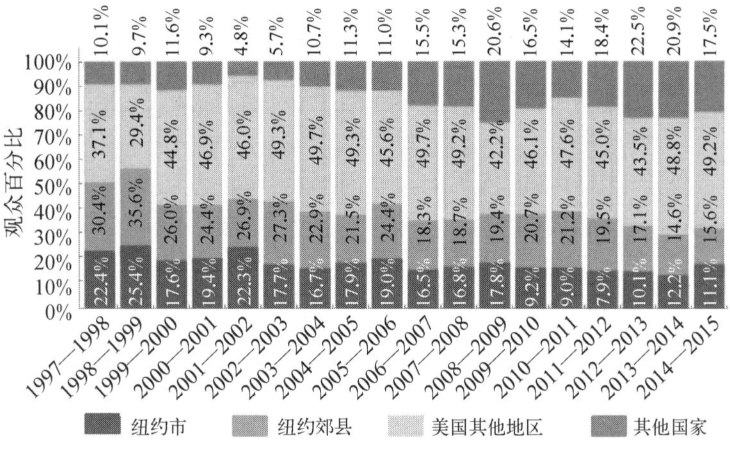

图 4.2.1　按地域划分百老汇的观众

---

［1］ 见图4.2.1，数据来源于百老汇剧院联盟网站 www.Broadwayleague.com，图表作者制作。

［2］ 见图4.2.2，数据来源于百老汇剧院联盟网站 www.Broadwayleague.com，图表作者制作。

［3］ 见图4.2.3，数据来源于百老汇剧院联盟网站 www.Broadwayleague.com，图表作者制作。

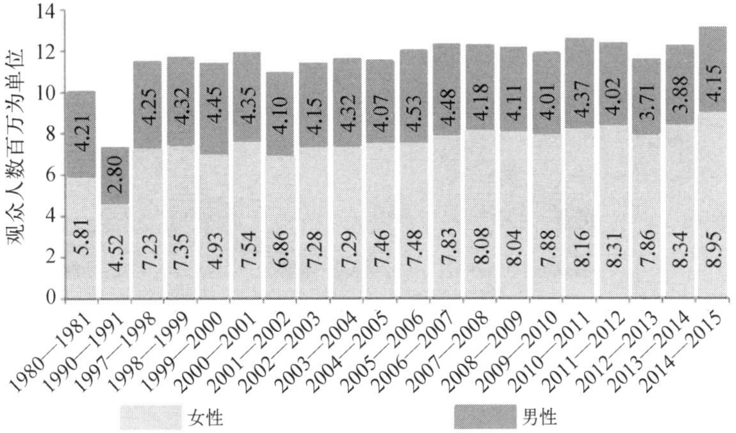

图 4.2.2　按性别划分百老汇的观众

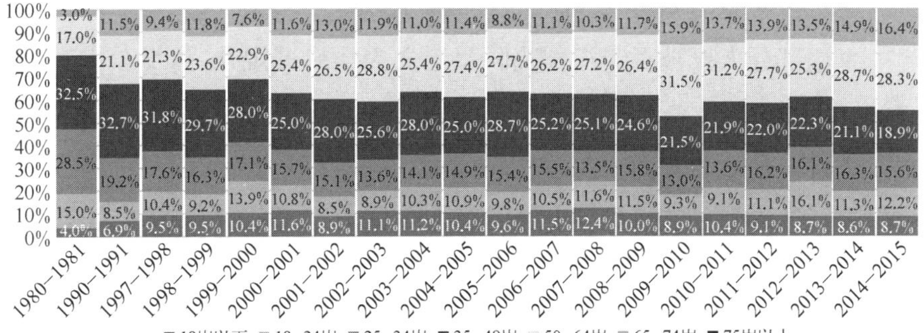

图 4.2.3　按年龄划分百老汇的观众

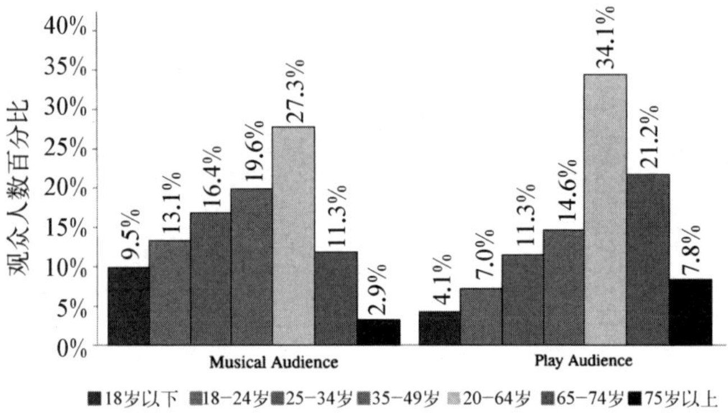

图 4.2.4 按年龄划分音乐剧和戏剧的观众

同时,百老汇接近 80%的门票是由白人观众购买。年龄 25 岁及以上的购票观众中:81%的观众大学毕业,41%的观众研究生毕业。[1]

根据百老汇的购票观众数据显示,在过去的一年中观众平均购票次数达到 4 次。一年购票次数达到 15 次及以上的这部分人群被百老汇剧院联盟定义为最忠诚观众,这部分人占观众总人数的 5.6%,但其购票的场次量(420 场演出票)占百老汇全年观演场次总量的 32%。

百老汇话剧的观众比音乐剧的观众更加积极,过去一年中话剧的观众平均看 8 部戏,而音乐剧的观众平均全年观看 4 部戏。

---

[1] 见图 4.2.5,数据来源于百老汇剧院联盟网站 www.Broadwayleague.com,图表作者制作。

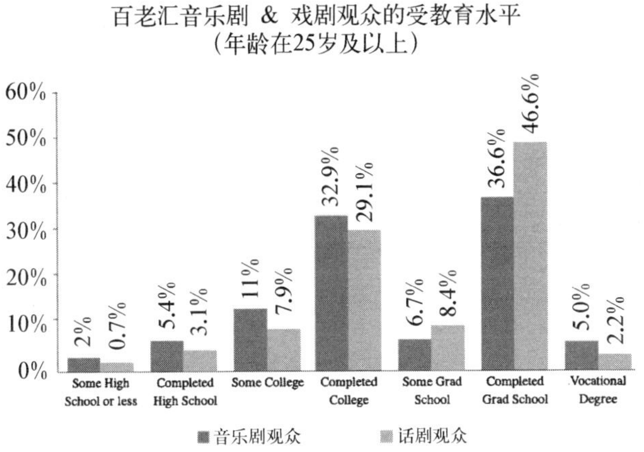

图 4.2.5　百老汇观众的受教育水平

表 4.2.2　过去的一年中观众平均购票次数

一年内观看演出的次数	观众总数	观演总次数
1	1 190 354	1 190 354
2—4	1 115 808	3 347 423
5—9	378 722	2 651 053
10—14	141 908	1 702 901
15—24	79 038	1 580 752
25 次以上	87 720	2 631 593

决定音乐剧观众购票的因素主要是口碑和友人推荐，而话剧观众考量的主要因素是是否有他们想看的演员的出演。

表 4.2.3 百老汇观众决定购票行为的因素

决定购票行为的因素(百老汇联盟抽样调查)	
朋友推荐	45.8%
喜欢剧中的音乐	23.6%
看过相关电影	19.0%
剧评家的评论	16.0%
专门去看某位演员	14.3%
获得 Tony 奖或提名	11.6%
读过关于该剧的文章	11.3%
之前看过类似的戏	8.9%
喜爱这部戏的作家	9.7%
电视广告	6.0%
票价优惠	5.6%
在 Tony 奖电视转播中看到该剧的片段演出	5.4%
在 42 街的打折票亭看到广告	4.7%
看到电视上对该剧的节目采访	4.5%
Facebook	3.8%
Facebook 朋友圈发文	2.8%
Facebook 关于剧目的专业或粉丝页	1.4%
网络上的广告	3.7%
网络上的其他条目宣传	3.3%
纸媒广告	2.8%
户外硬广	2.3%

(续表)

决定购票行为的因素(百老汇联盟抽样调查)	
收到剧目的邮件宣传	1.9%
收到宣传单页	1.5%
电台广告	1.3%
Twitter	1.1%
Twitter-朋友圈发文	0.9%
Twitter-演出机构的发文	0.5%
其他新媒体的发文	1.0%
博客	0.5%

超过半数的观众购票渠道主要通过网上购买。

表 4.2.4 观众购票渠道及比例[1]

Ticket Purchasing Method	TOTAL	NYC	Suburban	Domestic Visitor	International Visitor
Internet TOTAL	51.5%	51.2%	57.7%	53.6%	40.4%
Telecharge.com or Ticketmaster.com	25.5%	25.0%	31.6%	26.6%	17.4%
Show's Official Website	4.5%	3.7%	4.2%	5.3%	2.8%
Broadway.org	1.7%	0.8%	1.5%	2.0%	1.9%
Broadway.com	8.3%	4.7%	4.9%	9.8%	11.1%

[1] 见表 4.2.4 数据,来源于百老汇剧院联盟网站 www.Broadwayleague.com,图表作者制作。

（续表）

Ticket Purchasing Method	TOTAL	NYC	Suburban	Domestic Visitor	International Visitor
Other website	11.6%	17.0%	15.5%	10.0%	7.2%
Theatre box office	17.7%	21.8%	15.0%	13.5%	27.5%
Telecharge or Ticketmaster by phone	10.6%	10.4%	12.5%	12.3%	4.3%
tkts booth	11.3%	7.2%	6.7%	11.5%	19.1%
Credit Card Concierge Service	1.2%	0.9%	0.9%	1.2%	1.7%
TDF (Theatre Development Fund)	1.9%	5.5%	3.4%	0.6%	0.4%
Part of a group sale	3.8%	2.7%	3.4%	5.4%	0.9%
Hotel Concierge desk	1.0%	0.1%	0.2%	1.1%	2.4%
Travel Packager (e.g. Expedio, Travelocity, Orbitz, etc.)	1.0%	0.2%	0.2%	0.8%	3.4%

表 4.2.5　百老汇观众购票渠道[1]

购票渠道	18 岁以下	18—34	35—49	50—64	65 岁以上
网络	75.2%	79.3%	77.9%	74.1%	64.0%
Broadway.com	39.0%	42.6%	39.0%	35.3%	22.3%

[1] 见表 4.2.5，数据来源于百老汇剧院联盟网站 www.Broadwayleague.com，图表作者制作。

（续表）

购票渠道	18岁以下	18—34	35—49	50—64	65岁以上
Ticketmaster.com	24.1%	27.3%	27.0%	20.9%	15.7%
Playbill.com	17.7%	20.4%	13.6%	15.7%	15.1%
NewYorkTimes.com	8.3%	11.0%	9.9%	13.8%	23.4%
Broadway.org	18.5%	15.4%	14.4%	12.5%	7.7%
Telecharge.com	11.8%	12.0%	11.8%	12.1%	12.3%
BroadwayBox.com	6.3%	8.7%	9.8%	11.0%	13.5%
Theatermania.com	5.9%	8.3%	8.7%	8.9%	11.8%
BroadwayWorld.com	5.2%	8.4%	3.1%	2.1%	0.7%
Travel Website	1.3%	2.3%	2.6%	3.1%	1.5%
报纸/杂志	18.6%	15.5%	18.1%	29.5%	51.5%
The New York Times	12.1%	9.2%	8.8%	19.6%	37.5%
New York Magazine	4.3%	3.9%	3.2%	5.3%	9.9%
Time Out New York	1.5%	4.8%	5.4%	4.3%	5.1%
Wall Street Journal	1.6%	1.8%	1.8%	3.2%	6.7%
地铁广告	0.8%	1.8%	1.4%	0.8%	0.3%
电视广告	17.0%	12.8%	11.8%	17.3%	20.9%
广播广告	6.7%	6.7%	4.7%	6.5%	7.1%

购票时间主要集中在演出前的36天。

表 4.2.6 百老汇观众购票时间

购票时间	总体	纽约市	纽约郊区	美国其他城市	国际游客
演出当天	21.9%	20.5%	10.9%	19.8%	38.7%
演出前一周内	14.9%	18.8%	10.3%	12.8%	20.7%
演出前 1—2 周	10.9%	12.9%	11.4%	11.0%	7.8%
演出前 2—4 周	13.4%	14.6%	19.1%	12.8%	9.0%
演出前 1—2 个月	19.9%	19.6%	24.9%	21.2%	12.1%
演出前 2—4 个月	13.0%	9.4%	16.4%	15.1%	7.5%
演出前 4—6 个月	4.3%	2.8%	4.9%	5.4%	2.4%
演出半年前或以上	1.8%	1.4%	2.1%	1.9%	1.9%

2014—2015 年度演出季调查中百老汇观众家庭年收入的平均值在 201 500 美元，比前几年略有增长。

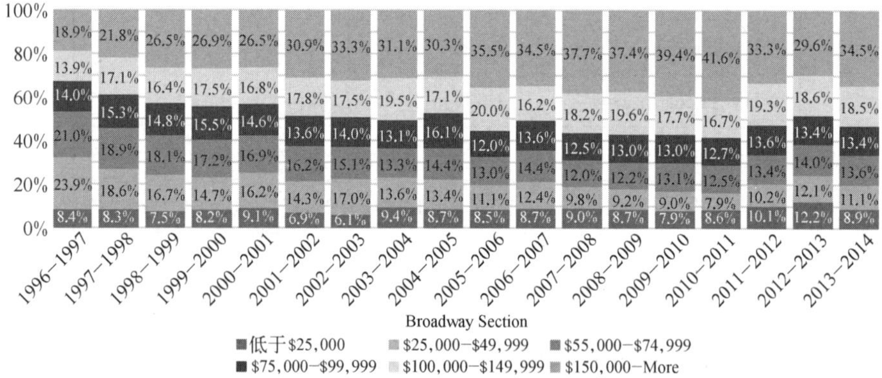

图 4.2.6 按家庭平均年收入划分百老汇观众

购票的决定者中56%是女性，48%是男性。

百老汇购票决策人画像
- 女性
- 平均年龄45.5岁
- 过去的一年中去看过5次戏
- 大学本科学历
- 白人

图 4.2.7　百老汇购票观众人口细分[1]

(二) 伦敦西区观众构成情况

2013年全伦敦241家剧院的观众总人数达到2 200万。其中伦敦西区的观众人数占到1/3，票房达到6.18亿英镑（约54亿元人民币），超过了伦敦全部电影院的全年票房。全年剧院的平均票价在27.76英镑（约243元人民币）。但对观众的最近一次调研数据是伦敦西区剧院协会2008年的调研，其中：38%的观众来自伦敦；43%的观众来自英国其他地区；19%的观众来自海外。68%的观众是女性；32%男性观众的平均年龄是43岁，观众年龄低于55岁的占了72%，高于55岁的占到28%。92%的门票是被白人观众购买。观众的平均年收入是31 500英镑（2008年，约27万元人民币）。45%的观众是与伴侣一起来看戏的。约有12%的观众平均一个月至少购买一次演出票。

[1] 百老汇官网，https://www.broadway.com.

所以，演艺集聚区的成功建立，并非简单地拥有一个演出场所，而是要把剧目的制作、经纪运作、营销定位和创作演出相结合，针对细分市场打造满足观众需求的精品，才能从资源整合中取得经济效益。

二、观众拓展策略对比分析

（一）百老汇剧院集聚区的观众拓展项目

1. 针对消费者的项目

百老汇粉丝俱乐部（Broadway Fan Club）：俱乐部为会员提供机会，保持对百老汇所有最时新的信息动态的掌握。作为会员，定期收到电子邮件关于百老汇的相关新闻信息等、各类活动邀请、百老汇儿童之夜活动的通知及打折演出票和其它促销活动的通知。

百老汇周（Broadway Week）：剧院与纽约市旅游局联合推出的百老汇周活动，在这一周期间只要到指定官网注册，就可以享受部分演出的 5 折票价。同时官网还提供酒店、景点、交通的订购套餐。

百老汇地带（Broadway Zone）：通过创建了一个网络平台社区让百老汇未来的年轻一代享受和爱上剧院。所有年龄层的粉丝都可以与百老汇演员、明星及其它粉丝在这个网络平台交流，与创造演出奇迹的幕后团队、其它专业戏迷在这个平台上交流。各年龄层的粉丝都可以在网络及社交媒体平台上讨论关于百老汇的最新趣闻，包括百老汇剧目全球巡演信息。网络社区有大量来自不同渠道的视频，包括粉丝自己上传的与百老汇演员在42街的布赖恩公园的互动见面会；剧组自己发布的服装舞美图片；百老汇明星带领粉丝走进化妆间的视频；粉丝自己拍摄的表演片段视频；新剧本创作的朗读会视频等，粉丝可以点赞和在别的社交平台上转发。

百老汇儿童之夜(Kid's Night on Broadway)：这是一个面向全国观众的拓展项目，致力于让年轻一代有更多机会体验现场的剧院艺术。在2016年2月6日举办的一期活动由《纽约时报》赞助，活动具体内容包括：购票家长可以免费携带自己的年龄在6岁—18岁的青少年；出示演出票在剧院附近的餐厅就餐和停车将享优惠；儿童或青少年可以免费参与演出前的艺术教育和其他交流活动；《纽约时报》提供的免费活动宣传册。

聚焦百老汇(Spotlight on Broadway)：聚焦百老汇项目是由纽约市长办公室支持的一个新媒体项目，登录这个网页你可看到整个百老汇街区的剧院坐标地图，点击具体剧院名称可浏览剧院的宣传片、历史资料、建筑史、上演过的演出、该剧院名人包括导演、演员、设计人员的采访视频，及剧目获奖情况等。这也是研究百老汇剧院史和音乐剧史的重要研究文献和视频。

名星巷(Stars in the Alley)：这是一个一年一度的免费户外大型音乐会演出，活动在曼哈顿第七大道44街举办，由美联航赞助。音乐会在百老汇每年演出季收尾的时间举办，由百老汇名星拼盘表演这一年度演出的片段，为 Tony 奖作一个预热。

Viva 百老汇(Viva Broadway)：百老汇剧院联盟与西班牙社区合作，试图通过百老汇演出加强与拉丁世界的连接。拉丁人种是纽约市人口增长最快的族群，已经有近 550 万的人口，在全美国有近 5 000 万的人口。长期计划旨在提高对百老汇的认识、丰富文化生活、使家庭聚集在一起，在剧院里建立新的职业生涯。已经建立了一个国家咨询委员会，通过文化名人来帮助制定举措和传播百老汇对提升社区活力的作用。具体的措施包括通过网络视频辅导和线下的工作坊，扩展拉丁族群的工作机会。

托尼奖(Tony Awards)：托尼奖全称安东尼特·佩瑞奖(Antoinette Perry Award for Excellence in Theatre)，是 1947 年为纪念美国戏剧委员会(American Theatre Wing)创始人之一——安东尼特·佩瑞女士而设立。业界视之为美国音乐剧和话剧最高奖项，托尼奖有 24 个奖项，颁奖仪式在每年六月通过哥伦比亚广播公司播出。第一届托尼奖由佩瑞女士的好友兼合作伙伴、美国戏剧委员会主席布罗克·彭伯顿主持，在 1947 年 4 月 6 日于纽约著名的华尔道夫大饭店举办。此后，托尼奖与百老汇一起，成为全球舞台艺术行业的关注对象，成为与电影奥斯卡奖、电视艾美奖以及音乐方面的格莱美奖并重的美国艺术界四大奖项之一。托尼奖的行政委员会职责之一是决定提名委员会成员。委员会拥有24位成员,其中10人来自美国戏剧委员会,10人来自百老汇联盟,另外戏剧家工会、演员权益协会、舞台艺术家联合会和舞台导演协会各有1人。

托尼奖行政委员,每三年会选定一届提名委员会,由50人左右的戏剧界专业人士组成轮值小组。成员们的职责是考察评定百老汇每一部新创作品,他们会面在每年托尼奖被选资格的截止日期之后。无记名投票之后,他们在会计师事务所审计监督后最终决定提名,产生的结果会在第二天早晨公布。托尼奖决选投票由八百余名具投票资格的成员投出,每年的人数变动极小。成员包括:百老汇联盟、美国戏剧委员会董事会及咨询委员会指定人员、演员权益协会成员、戏剧家工会、舞台导演协会、舞台艺术家联合会、戏剧媒体代理及管理协会(Association of Theatrical Press Agents and Managers)。其他投票人包括:美国演员锻造协会戏剧委员会(Theatrical Council of the Casting Society of America),纽约戏剧评论圈(New York Drama Critics' Circle),全国人才代表协会(National Association of Talent Representatives)董事会/理事会,托尼奖提名委员会成员。

2. 针对企业的项目

百老汇汇演(Broadway Delivers):当谈到最佳的娱乐项

目，百老汇演出无疑是最佳选择。现在企业有机会将自己的公司活动与百老汇最佳表演相结合。活动收入将获得税收减免，减免部分的费用将直接捐助给防治艾滋病的一个专项基金。通过百老汇汇演，企业可以将有魔力的百老汇演出与不同类型的企业活动结合，包括企业年会、会议、新品发布、破冰活动、新店开幕等。演出节目是百老汇专门为企业活动所定制的，演出是选自不同百老汇大戏的片段，时间在15—30分钟。

企业招待（Corporate Hospitality）：企业招待项目为公司提供进入百老汇演出的专属通道。没有比这更好的招待贵宾、招揽客户或庆祝特殊时刻的活动了。客户会得到专业的服务和无与伦比的戏剧、音乐剧观赏体验。无论招待20位、200位还是2 000位客人，百老汇剧院联盟都会提供专属的体验，包括晚餐、演出、特殊后台体验。联盟将提供一名专属联络人，全面提供购票的帮助和建议，包括不同演出的介绍。

3. 教育项目

百老汇剧院联盟在为百老汇产业观众拓展和舞台现场表演艺术的教育方面作出了实质性的一系列项目。

家庭第一夜（Family First Night）：这是一个全国性的项目，旨在让贫困家庭能够定期走进剧院。有许多针对学生的剧院拓展项目，但百老汇剧院联盟认为走进剧院这种体验如果没有得到学生家庭的支持将不具备可持续性。项目具体内容为：有选择的与当地社会服务机构合作，为贫困家庭提供非常优惠的票价；这些家庭需要保证全年全家一起至少去看三次演出。提供的票为10美元(约65元人民币)一张的池座票，这个票价比电影票都低廉；10美元以上的部分金额由政府补贴和捐款补足。因为百老汇剧院联盟的教育、观众拓展项目是百老汇剧院联盟基金会来主办，这个基金会是注册的符合美国非营利资质501(C)3的机构，所以该机构能够向社会各界发起募款；联盟还向这些家庭提供演后谈活动。活动时，为他们准备装有学习指南、音乐剧导览、幕后信息，有时候还提供剧目的原声碟的礼包。

苹果奖(Apple Award)：这个奖项主要是感谢全国的地方学校和社会团体对百老汇剧目的支持，对曾经为百老汇剧目的巡演提供场地或排演学生版的百老汇剧目，为戏剧教育作出过贡献的机构和个人予以认可、回报和鼓励。所有参与过百老汇联盟成员项目巡演和排演的老师和宣传组织人员都有机会获奖。

吉米奖(Jimmy Award)：该奖项设立于2009年，旨在加强戏剧艺术教育在学校中的重要性，并奖励优秀的学生作品的产出。该奖项主要是设立一个由全美国三十个专业剧院赞助的高中音乐剧比赛，每年吸引超过5万名的学生参与。这个比赛的主办者还是百老汇剧院联盟基金会，它常年为了这个项目向社会各界展开募捐。

4. 其他拓展项目

附属会员(Adjunct Member): 附属会员有权享有由执行委员会赋予的权利、特权和义务;有权访问 broadwayleague.com 的内部数据库资料;定期会收到所有关于百老汇剧院联盟的时事通讯和其它简报信息,包括每月的联盟票房数据和联盟针对观众调查所作的经济和人口研究报告;受邀请参加联盟所有的论坛和会议,包括度假聚会;享受联盟签约的各地酒店的折扣价;季度性的社交活动,如葡萄酒和奶酪招待会。定期组织关于戏剧预算、新闻发布会和市场营销发展趋势的研讨会;联盟还为附属会员提供专业的咨询和导师服务;附属会员没有资格在百老汇剧院联盟的任何会议上投票;不能被选为联盟的工作人员和联盟的董事会成员;不能任职于执行委员会、财务委员会或任何劳工事务相关的委员会;不能作为托尼奖的投票人;不允许向其他附属会员群发邮件。

百老汇演讲小组(Broadway Speaker Bureau): 这个项目是联盟针对高中生和大学生提供的免费演讲。这些演讲主要探讨关于在表演艺术领域里非表演类职业的系列问题,包括制作、管理、市场营销、媒体和舞台管理等。研讨会的嘉宾通常是托尼奖作品的获得者,如《魔法坏女巫》(Wicked)、《春之觉醒》(Spring Awakening)、《吉屋出租》(Rent)这种级别作品的制作人。联盟还提供远程在线学习机会: 联盟会邀请演讲人员在纽约市会议室里,通过远程视频电话系统来进行这个研讨会。这个会议室可以容纳 40 名学生在现场。这个研讨会是实时的不是提前录制的，这样的优点是，可以鼓励参与者随时提问，演讲嘉宾可以即时回答。联盟有一个在线申请的系统，可根据不同机构和学校的要求，依据机构人数和场地的要求专门定制这种视频会议。职员号具备电话会议系统，联盟会派出技术人员完成所有的技术准备。

商业戏剧学院(Commercial Theater Institute)：学院成立初衷是为了培养新一代的商业戏剧制作人，为有兴趣成为商业戏剧制作人的个人提供相关指导。目前这个项目主要有两种课程：每年春季的一个为期 3 天的密集培训；每年 2 月到 5 月的一个为期 14 周的密集型培训课程。这个课程的学员要求必须有剧院从业经验。

实习项目：百老汇剧院联盟全年提供兼职实习岗位，每周工作时长为 8—24 小时，时间灵活。实习生通过与联盟工作人员密切合作，并在适合的情况下，参加会议、研讨会和工作坊，获得宝贵的经验。实习生工资为纽约最低工资标准。百老汇联盟鼓励不同背景的实习候选人申请，接受高中毕业生及以上学历者，对国际申请人的要求是必须已经在美国获得留学生身份的外国人。

（二）伦敦西区的剧院集聚区的观众拓展项目

1. 针对家庭的项目

家庭期刊：西区剧院协会的家庭期刊是以邮件形式定期

向家庭发布最新的演出信息、比赛信息，工作坊、演后谈等信息和独家的票价优惠信息。

剧院礼券：项目启动于 1984 年，旨在鼓励剧院拓展观众，礼券产生的利润将再投入到剧院观众拓展项目中。需要登录剧院协会的官网注册，购买金额为 5 英镑（1 英镑约 8.8 元人民币）、10 英镑、20 英镑的礼券，查询哪些剧院可用于礼券的消费，礼券是没有过期日期的。无论你是想作为礼物送给朋友，还是你没有想好要看哪部戏，都可以提前购买礼券，因为几乎西区的全部剧场都可以使用该礼券。该网站还告知观众关于戏票的优惠信息，如何购买打折票。

儿童周：该项目发起于 1988 年，旨在吸引儿童走进西区的剧院，本来这个项目只有一年中一周的时间，但由于越来越受欢迎，儿童周项目已经延长为一个月的时间。购买了全价票的家长可以携带一名 16 岁以下的儿童免费观演。家长还可以额外购买两张 5 折的儿童票。孩子们除了免费走进剧院，还有机会参加一系列免费活动和研讨会。

走进剧院活动：该项目开始于 2001 年，是一个一年一度的打折季活动。活动始于每年 12 月，只要用万事达卡 Master Card 购票，就可以购买一系列演出的 20、30、40 英镑折扣票。

剧院导览指南：这是一个免费获取的手册，印有伦敦西区全部演出的信息，西区地图、公共交通信息等。有 135 000 本指南是分布在英国的剧院、公共图书馆、主线火车站、伦敦机场和旅游信息中心等。

西区现场音乐会：伦敦西区剧院协会和威斯敏斯特市议会和冠名赞助商万事达卡每年在六月举办一场为期两天的节日性音乐会以展示西区世界级音乐剧的品质和多样性。这个向公众免费开放的音乐会定期举办在西区中心标志性地块拉法加广场，每年吸引超过 50 万的游客聚集于此地。音乐会上演的是西区当年演出季最热门音乐剧的片段集锦。

西区职业交流会：活动是一个免费向 16 岁到 25 岁年轻人开放的职业交流会，这个活动是西区最大型的职业介绍会。为了吸引对剧院非演员职业有兴趣的年轻人，提供培训或进一步发展的机会，在活动中年轻人将知道他们下一步需要做什么才可以完成他们的兴趣或职业规划。无论是想成为制作人、舞台监督、灯光、音响、舞美设计、导演、编剧，还是艺术管理者、营销人员，都可以获取更有价值的信息。该活动获得西区 60 家剧院的支持。活动设置的一系列的工作坊、问答环节，由西区不同剧院的专业人士展开甚至是一对一的讲解。

拉开大幕活动：这是一个由伦敦西区剧院协会和百老汇剧院共同发起的为纪念奥利弗奖 Oliver Awards 40 周年的活动。在这一年里，西区和百老汇所有获得过奥利弗奖的剧院每天 10:00—17:30 都可以免费供观众参观。这个活动为了探索是什么因素创造了奥利弗奖和托尼奖，打开大幕，让观众在沉浸式的环境中探索是什么艺术元素相结合创造了剧院的神奇;探索音乐剧和戏剧的神秘世界,了解他们是如何被制作出来的。参观者将有机会与《战马》中的Joey同台;看到《剧院魅影》里的服装设计;欣赏《歌舞线上》里的金色大礼帽;能仔细浏览一系列奥利弗最佳音乐剧的歌谱、手稿、舞美模型、照片、影片。参观者还能看到奥利弗奖组委会从未向外界公开的视频档案。除了展览,观众还可以参与到多种形式的活动,有机会与西区的专业人士和年轻一代的创作人员对话。

慈善活动:西区剧院协会创办的一个戏剧发展基金,用于举办各种慈善活动,所有募集来的款项都用于促进和推进戏剧和其它表演艺术的大众可接触性。

第三节 完备的艺术法的支撑

美国影视产业和演艺产业的高度繁荣都是依赖其高度完备和严密的法律体系的支撑。区别于欧洲、亚洲的国家高度依赖政府拨款资助艺术发展的模式,美国是建立了一套完备的税法体系来支持艺术发展,因此,对其法律体系展开探究,对发展演艺集聚区将起到重要作用。

在美国,法人组织成立前,在通过章程细则,选举或任命董事和高管人员之后，如果希望成为免税组织，必须向美国国税局申请 501(c)(3)免税资格。免税地位指法人组织无需缴纳大部分联邦税收。在被美国国税局授予免税地位前，非营利性法人组织需纳税。一家组织只有在通过组织测试和运作测试的前提下，才有资格根据《美国联邦税法典》第 501(c)(3)条款申请免缴联邦所得税。为通过组织测试，法人组织的法人注册证书必须载明该组织是为下列一个或多个目的而组建的："慈善、宗教、教育、科学、文学、公共安全测试、促进业余体育竞赛和防止虐待儿童或动物之目的。"此外，组织还必须声明其资产将为免税目的(公益目的)而使用和分配，个人仅可从组织获得附带利益(如果某一个人控制组织，则不得从组织获得任何个人利益，无论是附带利益还是其他利益)。最后，法人注册证书还必须规定在解散时，组织的资产将分配给类似的享有免税地位的受益人。

为获得 501(c)(3)免税资格，组织还必须通过运作测试。换言之，组织必须是为列出的某一个免税目的而实际运作的(而不仅仅是为注册文件中列明的目的而组建的)，任何个人仅可从组织获得附带财务利益。美国国税局规定：免税组织不得是为了其创始人或创始人的家族、股东、其他指定的个人，或受前述人员直接或间接控制的人的私人利益而组建或运作。享受 501(c)(3)免税资格的组织，其净盈利的任何部分都不得是归属于私人股东或个人的利益(财务利益)。私人股东或个人是指在组织的活动中拥有个人利益的人。如果某人对免税组织有重大影响,而该组织又从事超额利益交易,则可对该人和同意进行该交易的任何经理人征收营业税。[1]

如果享有免税资格,将回溯至非营利性法人组织的注册之日。这让组织可从注册之日起免于缴税和募集可扣税的捐赠款。而如果非营利性法人组织的免税申请未获批准,那么捐赠人将不得不提交一份经修改的报税表,组织将必须纳税。非营利性法人组织还必须向州和地方政府提交免税申请。一般而言,非营利组织可免于缴纳州和地方的税收,包括销售税、财产税和所得税。但各州也可能有各不相同的规定。

在美国国税局向一家非营利性法人组织签发免税资格的决定书后,该组织正式享有免税资格。为维持免税,该组织必须满足一些运作要求,包括公开披露财务文件,缴纳特定税收(包括不相关业务所得税),防止为个人谋取利益,限制院外游说活动,遵守关于筹资的政府法规等。

根据法律,非营利组织必须向美国国税局提交被称为第990号表格的信息申报表。非营利组织可提交完整的第990号表格,或第990-EZ号表格(针对小型组织的简表),或第990-N号表格(电子明信片,载明组织的联系信息)。第990-N号表格、第990-EZ号表格或第990号表格必须在"非营

[1] 美国国内税务局网站[EB/OL],www.irs.gov/charities/charitable/article/0,id=96099,00.html.

利组织会计期结束后第5个月的15号之前”提交。大多数州还要求在提交州慈善组织登记表时须附上第990号表格。非营利组织还需要“提供最近三个年度的信息申报表、经批准的免税申请书及所有支持文件，供公众免费查阅（但可以收取合理的文件复印费）”。[1]

根据法律，非营利组织必须基于工资和福利代扣雇员薪酬税，包括联邦和州的所得税、社会保障税和医疗保险费。雇主还必须缴纳不从雇员工资中代扣的失业保险税。发放给雇员的所有福利并非都要被课税，但必须全部披露。雇主作为业务费用发放给雇员的福利，例如用于工作的汽车、工作相关刊物的订阅费或医疗福利等，是不被课税的。雇主未缴纳薪酬税，将被美国国税局处罚或起诉，还可能丧失非营利组织的免税资格。此外董事会成员和执行董事还可能对该债务承担个人责任。

为维持免税资格，非营利性法人组织还必须针对来自与其公益目的无关的业务的所有收入，向联邦和州政府缴纳不相关业务所得税（UBIT）。如果产生收入的业务活动被认定为与非营利组织的公益目的“基本不相关”，则组织必须填报美国国税局的第990－T号表格，并针对1 000美元以上的总收入（减去与产生收入的活动直接相关的扣除额）纳税。该

[1] 美国国内税务局网站[EB/OL]，www.irs.gov/charities/charitable/article/0,id=96099,00.html.

表格须在非营利组织财务年度结束后第 4 个月的 15 号提交。非营利组织还必须将填报的第 990－T 号表格提供给公众查阅。

不相关业务收入指“来自于一家免税组织经常从事的，与其免税目的或职能没有实质性相关的贸易或商业活动的收入，但该组织使用从该活动衍生的利润的情形除外”。根据美国国税局所下的定义，“贸易或商业活动”指“所从事的旨在通过销售货物或服务产生收入的任何活动”。“经常从事”指“以与非免税组织从事商业活动类似的方式，频繁和持续从事贸易或商业活动”。“非相关业务的应纳税收入”指“从免税组织经常从事的任何不相关贸易或商业活动中获得的总收入，减去与产生收入的活动直接相关的扣除额”。例如，如果一家表演艺术中心拥有一个全年开放的停车场，就必须缴纳非相关业务所得税，应纳税收入为来自于停车场的总收入，减去与产生收入的活动直接相关的扣除额。[1]

哪些活动被认为是与非营利组织的公益目的“实质性相关”？美国国税局在其发布的文件《向免税组织的非相关业务收入征税》中，列出了很多与非营利组织的免税目的实质性相关的贸易和商业活动的例子，而其他一些活动则并非如此，必须被征税。

---

[1] 美国国内税务局网站[EB/OL]，www.irs.gov/pub/irs-pdf/p598.pdf.

如果一家剧院上映一部与其免税目的相关的教育电影，门票收入将不被课税。但是如果该剧院上映商业性故事片并收取门票费，则门票收入将被课税。该剧院上映商业性故事片不仅是在与当地的商业影院相竞争，而且也与其免税目的（即上演戏剧）没有实质性相关。

如果一家交响乐团把其捐赠者名单提供或租借给另一家非营利组织，通过该交易获得的任何收入都将不被课税，因为该活动与交易双方的免税目的相一致。但是如果该交响乐团把其捐赠者名单出售给商业性房地产公司，则将按照公司税率纳税。

如果一家演出运营组织拥有房地产并把公寓出租给艺术家，将针对所获得的净收入纳税，因为这一类型的房地产交易与该组织的免税目的不相关。

如果一家非营利组织“只是使用或鸣谢与该组织的活动相关的赞助商的企业名称、标识和产品线，而没有获取其他任何重大利益”，则赞助收入是免税的。这里所称的“使用或鸣谢”不包括为赞助商的产品和服务做广告；“组织的活动”包括该组织的所有活动，不论是否与该组织的免税目的相关。

如果一家非营利组织拥有一家可供其雇员使用的餐馆，并鼓励更多的人到该组织来，则餐馆的收入是免税的。美国国税局认为该组织这样做是让来到该组织的公众可不必外出就餐，从而增强该组织对公众的吸引力。在表演期间出售食品所得的特许经营收入也属于该类型，不向联邦政府缴纳所得税，但需要为城市和州政府代收销售税。[1]

尽管非营利免税组织是为从事公益事业而组建和运作的，但也提供私人利益，例如向雇员支付薪酬；公众成为组织所提供服务的受益者；向提供货物和服务的供应商付款等。只要这些私人利益在性质上和数量上是所从事的免税活动产生的纯粹附带利益，就不存在任何问题。但是如果私人利益不是所从事的免税活动产生的附带利益，则可能违反税法规定。美国国税局将依据事实对所有这些情况进行评估。在极端情况下，一家非营利组织可能会丧失全部或部分免税资格。

尽管法律并不禁止非营利组织提供附带私人利益，但禁止个人谋利（个人财务利益），包括向内部人（例如雇员等）支付过高的薪酬等。根据法律，非营利组织必须监控业务活动，防止个人谋利。

关于非营利组织向内部人员支付过高的薪酬和福利，以及与营利性企业成立合资企业，[2]2004 年 8 月，美国国税局开展了新的执法行动，“检查和惩处公共慈善组织和私人基金会向高管人员和其他内部人员支付过高薪酬和福利的违规行为”。在 2006 年 5 月发表的一篇文章中，美国国税局的两名工作人员凯伦·菲奇（Karen Fitch）和大卫·费希

[1] 美国国内税务局网站[EB/OL]，www.irs.gov/pub/irs-pdf/p598.pdf.
[2] 美国国内税务局网站[EB/OL]，www.irs.gov/pub/irs-pdf/p598.pdf.

(David Fish)就此进行了论述。美国国税局希望确保不符资格人员，或“对免税组织的事务有重大影响的人员”，未获得过高的薪酬和福利。“不符资格人员”包括免税组织的董事和高管人员（例如首席执行官或首席财务官）。非营利组织必须在第 990 号表格上列明“关联人之间的交易，或向董事和高管人员租赁财产的交易；应收理事、高管人员、董事和关键雇员的款项，并附上说明；以及向董事、高管人员和雇员支付的薪酬”。[1]

非营利组织还必须说明是否从事了超额利益交易。超额利益包括：个人使用属于组织的汽车，报销个人费用，将组织拥有的财产和俱乐部会员资格提供给个人使用，及向个人提供贷款等。美国国税局将这些利益视为是超额利益，因为非营利组织的内部人员由组织承担费用获得了个人利益。这些内部人员必须为这些项目缴纳所得税。

尽管管理人员获得的福利易于识别，但要识别出他们是否获得了过高的薪酬则更困难一些。凯伦·菲奇指出，“难于精确地界定什么是合理的薪酬。一般而言，合理的薪酬指在类似情况下，由类似组织（包括须纳税的组织和免税组织）针对类似职位通常支付的薪酬”。[2] 在与“类似组织”

[1] “IRS makes changes to Advisory Committee on Tax Exempt and Government Entities”[J], *Nonprofit Business Advisor*, 2016, 2016(318): 7-7.

[2] “IRS makes changes to Advisory Committee on Tax Exempt and Government Entities”[J], *Nonprofit Business Advisor*, 2016, 2016(318): 7-7.

相对比时，美国国税局要求非营利组织比较组织的宗旨、职责和规模，雇员的工作时间、地理区域、所在行业以及实际的薪酬。

如果一家非营利组织未列出向内部人员支付的所有福利（即使该组织认为这些福利是合理的），可能会被美国国税局认为是支付了过高的薪酬和福利。如果这些向内部人员支付的薪酬和福利被认定是不合理的，内部人员须就此纳税，非营利组织还可能因此丧失其免税资格。菲奇认为："只要免税组织基于其规模和收入，制定和执行了健全的薪酬制度，确定与组织的规模、收入、结构和使命相一致的适当薪酬水平，可能就不会违反美国国税局的相关规定。"[1]

第四节　政策对集聚区的影响

一、美国文化艺术政策

纽约百老汇剧院几乎都是由商业剧院集团来管理，完全以市场导向运作，奉行"高成本，高收益"的理念。这些商业公司获得的政府资助微乎其微，大部分是通过商业经营获得

[1] "IRS makes changes to Advisory Committee on Tax Exempt and Government Entities"[J], *Nonprofit Business Advisor*, 2016, 2016(318): 7-7.

收入，其收入来源主要为票房、版税和剧场服务等。在百老汇历史上，只有一个时期，纽约政府对百老汇采取了一些政策上的支持。这段时期始于1928年，随着有声电影、电视、演唱会和其它休闲娱乐活动的出现，纽约的剧院数量从1928年的近80家锐减了一半。百老汇剧院区从此进入了近半个世纪的建设"真空期"。从1928年剧场建设热潮的末期到1972年，时代广场周围在没有新增一家剧院，相反有27家剧院消失。20年代过度的建设导致百老汇剧院区出现过剩；而适逢美国经济大萧条时期，喜剧和音乐剧创作的缺乏更使得剧院无戏可演。任何可以被用于播放电影，尤其是位于42街的剧院，很快成为了电影院，有些甚至是永久性的，另一些则称为广播或电视制作室。1935年，美国出现经济大萧条，不景气持续了几年，美国各大城市发现，成千上万的戏剧家、音乐家、演员、剧作家以及文化领域的其它从业人员，都在贫困线上挣扎。这时美国从国家层面到纽约地方层面的政府都开展了一系列措施支持艺术的发展：

（一）联邦戏剧计划(Federal Theatre Project)

为了让经济走出困境，当时罗斯福政府实行新政，其核心是国家干预市场，通过财政赤字的方式刺激经济发展。落实到具体政策上，就是国家出面开发大量的公共事业工程，用以工代赈的方法解决失业问题。这样一方面解决了失业问题，一方面又搞好了基础性建设。而联邦戏剧计划就是众多公共事业的一部分。

在其高峰时，联邦戏剧计划共雇佣了12 700名戏剧从业人员，其中90%的人员不再需要领取政府的失业救济。这些人来自戏剧行业的各个种类，从演员、剧作家、导演、舞美设计到销售员、木匠、剧场维修工、会计等应有尽有。美国劳工局为这个项目投入的资金第一年为600万美元(1美元约合6.5元人民币)，第二年为1 900万美元，四年共投入4 600万美元。在第一年里，联邦戏剧计划共资助了42 000场演出。

(二) 纽约政府对百老汇的支持

纽约政府为了保护剧院集聚区的繁荣，花了近一个世纪的时间付出了巨大的努力：资助新剧院、改造旧街区、保护古建筑。从1929年至1970年，百老汇剧院集聚区有27家剧院消失。为了鼓励新建剧院，纽约市政府给那些愿意在时代广场建造大厦的房地产开发商某些特权：如果他们愿意在他们建造的大厦里建造一家剧院，可以得到更多的上空权利(Air Rights)，意思是可以多造出几层楼。1972年，在原先一家电影院的位置上，Uris大楼建造完成，其中包括了两家剧院：Uris剧院和The Circle剧院。前者是一家2 000座位的大型剧院，于1983年更名为George Gershwin剧院；后者The Circle剧院则建在地下。Uris剧院开幕六个月后，百老汇的另一家剧院Minskoff在44街和45街的移动大厦内建造完成。另一个例子是1982年建设的Marquis剧院，是万豪集团

(Marriott)在拆除了三家剧院(Morosco、Bijou、Helen Hayes)后,在所在的区域,建的一座五星级酒店,这个酒店占据了第七大道,45 街和 46 街的两个街区。现在酒店的大堂进去就是一家拥有 2 000 座位的剧院,由倪德伦集团经营。上述三家新建剧院都是享受政府分区制补贴的产物,房地产开发商只要同意在新建筑里新建剧院,就可以得到奖金,这些资金主要是提供给较大的建筑项目。但之后因为分区制法令改编,奖金不再提供。而上述提到的 Marquis 剧院受到联邦城市发展行动授权的资助以及纽约州分区制救济金的支持。

百老汇官方数据库的资料显示,1931 年至今,新建的剧院仅有 12 家,除去上述提到的三家剧院外,有五家剧院虽建于 20 世纪,但因坐落在百老汇剧院集聚区的外围地带,所以不列入集聚区剧院数量。百老汇集聚区的核心是时代广场地段,从 20 世纪 60 年代期,色情行业渐渐侵入百老汇剧院区,百老汇大道 42 街上大多数电影院和剧院变成了色情和暴力电影的场所。1978 年,新任的纽约市长 Edward Koch 上任后,特别设立了“时代广场特派组”(Time Square Task Force),以解决时代广场街区的黄赌毒问题。他的前任市长 Abe Beam 也曾创建曼哈顿“中城市民委员会”(Midtown Citizens Committee),由舒伯特剧院集团的主席任董事会主席,提出各种建议用来保护剧院区。纽约市政府后来还展开了“十字路口行动”(Operation Crossroads),把更多的注意力放在剧院区街道的改造计划。总之,自 20 世纪 60 年代起的二三十年中,纽约市政府推出了一个又一个方案,其中有通过的,有被放弃的。目标是让整个剧院集聚区恢复活力,根除 42 街的色情产业。市政府的战略是收回 42 街,但一直遇到了层层的阻力。一方面是因为 42 街的房地产商,他们提出反对案反对政府没收其财产。另一方面是激进的环保主义者认为再开发新施工项目对环境的影响。20 世纪 80 至 90 年代的 10 年间,尽管许多当时提出反对案的房地产商离开了 42 街,政府的阻力相对减少,但伴随着经济衰退,曼哈顿供过于求的办公楼、萎靡不振的房地产市场以及缺少联邦城市更新基金,使得 42 街的改造计划一直停滞不前,直到 90 年代才出现了转机。1990 年 12 月纽约州和纽约市政府成立了一家非营利性组织——"新 42 街联盟"(New 42nd Street Alliance),将位于 42 街上的 7 家非营利性剧院(Victory、Times Square、Selwyn、Lyric、Liberty、Empire and Apollo Theater)的使用权租给该组织,租约为 99 年。新 42 街联盟成立的使命就是监督这 7 家非营利性剧院的改建工作,使它们重新成为 21 世纪表演艺术的中心,为纽约的居民和游客提供能负担得起的演出剧目。[1]

七家剧院中以 Selwyn 剧院的改建最引发争议。这间意

[1] New 42nd Street 官网[EB/OL],http://www.new42.org/.

大利文艺复兴式的剧院建于1918年，伴随着20世纪30年代美国经济的萧条，这间剧院在1930到1950年期间变成了电影院。1997年新42街联盟（New 42nd Street Alliance）与非营利性组织旋转木马剧院公司（Roundabout Theater Company）签署了合作备忘录（MOU），将Selwyn剧院的使用权转移给旋转木马公司。[1] 随后该公司开始了对Selwyn剧院的重建工程，工程估算需要资金1 000万美元，并要于2000年春季演出季前完工。作为非营利性的剧院，旋转木马公司开始了面向社会各界募资，美国航空公司（American Airline）提出愿给予850万元美金的赞助，但提出要将重建后的Selwyn剧院更名为"美国航空剧院"（American Airline Theater），并要求该剧院在今后的所有宣传材料中明确体现美国航空公司的标识。这一消息随即引来了社会各界的广泛争议，各大媒体纷纷对此事给予报道，其中《纽约时报》发表文章指出"百老汇历史悠久的剧院中，有以知名演员、剧作家、制作人或评论家的名字命名过，迄今为止还没有一家剧院以航空公司的名字命名过"。[2] 然而该重建工程还是在一片评论声中如期进行，2007年7月，一间拥有740个座席的"美国航空剧院"（American Airline Theater）正式开幕。

---

[1] New 42nd Street 官网[EB/OL]，http://www.new42.org/.

[2] 《纽约时报》[EB/OL]，http://travel2.nytimes.com/.

二、英国"一臂之距"的文化政策

"一臂之距"(Arm's Length)原指在队列中与前后左右的伙伴保持相同的距离。该原则最先被引用在经济领域,也称为独立交易原则,指具有隶属关系的经济组织(如母公司与子公司)在交易时都具有平等的法律地位,一方不能取代或支配另一方。这一原则被运用到文化领域时,则是要求国家对文化采取一种分权式的行政管理体制。从对文化的集中管理到分权管理,这是"一臂之距"原则的基本要义。"一臂之距"的雏形出现在 1967 年 2 月,英国女王向二战后成立的大不列颠文化艺术委员会颁发了新的特许证,明确规定了该机构的宗旨和职责:发展艺术实践,增进对艺术的了解;在全国公众中普及艺术;直接或间接为上述目的做政府部门和地方政府以及有关机构的顾问,并与其合作。同时还明确规定该委员会有权代表政府负责向艺术机构分配拨款的决策与实施。国际艺术委员会和文化机构联盟(The International Federation of Arts Councils and Cul-ture Agencies,IFACCA)在 2002 年 5 月公布的一份文件中指出:"成立于 1946 年的大不列颠文化艺术委员会是全球第一个体现'一臂之距'原则的中介组织。"此后,越来越多的此类非政府公共文化机构,在"一臂之距"的原则和模式下,成为英国文化发展的主体力量。

目前,"一臂之距"已经成为英国文化发展管理模式的准确概括和基本原则，即为避免直接干预文化艺术创作活动，防止资金分配上的政治影响，中央政府采取经由中间环节拨款的方式，把资金间接地分配给艺术组织或艺术家。具体而言，就是中央政府主管部门——文化、媒体和体育部，只负责制定文化政策和财政拨款，没有直接管辖的文化艺术团体和文化事业机构，具体管理事务交由中介机构——非政府公共文化机构，即各类艺术委员会负责执行，由其对文化团体和组织进行评估和拨款。这些中介性质的非政府公共文化机构通过具体分配拨款的形式，负责资助和联系全国各文化领域的文化艺术协会、组织、团体、机构和个人，形成全社会文化事业管理的网络体系。政府虽然不能对文化单位直接提供资金支持，但可以通过具体拨款方式对非政府公共文化机构在政策上加以协调，体现政府对文化艺术的管理目标和支持重点。英国政府对文化事业的资助重点一般有三个方面：第一，严肃艺术，如戏剧、古典音乐、歌剧、芭蕾等；第二，国家级的重点文艺团体和公益性事业单位，如皇家歌剧院、皇家芭蕾舞团、大英博物馆、大英图书馆、国家美术馆等；第三，高质量的艺术节目。对于接受资助的组织和团体来说，来源于非政府公共文化机构的政府资助也不是固定的，需要以每年的成绩与下一年的规划来确定。为保证政府资金的投入落到实处并取得良好效果，这些中介性的非政府公共文化机构会通过各种方式对享受政府长期资助的文化组织和团体进行监督和评估。

成立于 1974 年的剧院信托（Theater Trust），作为国家非商业性剧院的咨询机构，其使命就是筹集资金用于维护剧场的可持续发展。该机构实施的一个“小额资助计划”（The Small Grants Scheme），旨在帮助非商业性剧院对基础建设的维修，内部环境的改善，运营能力的提高等方面提供资金。这项计划对申请者的要求如下：一是必须是非商业性质的剧院。二是能够提供拥有、经营、或与剧院签订了五年以上的租约证明。安德鲁·劳埃德·韦伯基金会已帮助该计划迈出第一步，授予了该计划连续 5 年，每年 2.5 万英镑的资金赞助。

另外一家非政府的中介机构是成立于 1994 年的“遗产彩票基金”（Heritage Lottery Fund），通过发行国家彩票，该基金将收入投入到英国的文化遗产保护工作，项目包括全国各地的博物馆、公园、剧院和其它历史悠久建筑。自 1994 年至今，该基金已为 33 000 个项目拨款 49.7 亿英镑。

关于商业性剧院的改造，实际都由剧院的拥有者或经营者负责。像西区剧院的改造都由几大剧院集团自己控制，政府不给予任何形式的补贴。麦金托什集团曾在近 10 年的时间里，耗资高达 3 000 万英镑将集团旗下七家古典式的剧院全部进行了彻底整修，但如此的大手笔在西区的剧院中也绝无仅有。

三、韩国文化艺术政策

由于韩国在政策上很早就将文化产业当作商业来运作，整体发展较为成熟。韩国的表演艺术产业高度集中在首尔，韩国政府对于内容扶持的支持，几乎涵盖了整个产业链。在大学路剧院集聚区设立准入门槛，为了专注打造剧场群，禁止其它诸如 KTV 等娱乐场所入驻大学路地区。政府为剧场的建立提供一切便利条件，不但在审批程序上简化，而且剧场在区域外的其他项目中也可获利。建设过程结束后，剧场开始运营，在税收上还会获取优惠，中小剧场可以减免增值税，对具体的减免比例有明确的规定，营业税和其他税收上也都有优惠。文化机构入驻后，还会从政府获取补贴，主要以动态租金的形式出现，他们只需要维持较低的租金就可以达到要求，从而产生吸引力，使更多的机构入驻于此，保持地区文化活力。剧目制作时，还可以申请启动资金，该资金来源渠道众多。当作品通过审查后，制作者还会获得资金补贴，具体数额根据其成本确定，所占比例大约为总成本的一半，相比其他艺术门类十分可观。演出团体能减免所得税相关的税收。另外，为了支持演出走出韩国，文化观光部也公布了支持计划，每年有一部大型作品可获得政府资助，如果是中小型作品，那么会有两部获得此殊荣，但资助金额略低。

政府相关部门出台政策支持，具体落实到四个专门机构,由它们负责实施,完成对艺术团体的支持。ARKO 剧场和大学路艺术剧场是两个规模较大的剧场,主要由韩国演出艺术中心运营并举办许多项目。类似上海国际艺术节演出交易会的韩国首尔艺术市场(PAMS),就是在艺术经营支援中心管理下开办,支援中心还负责扶植艺术团体走向海外艺术市场,并支付赴海外演出的全部费用。此外,中心还开办海外研究中心,与国际艺术机构互派研究人员,为本国演艺企业提供支持。扶持演出创作基金主要针对的是实验性作品,给予扶持,帮助其参与到国际交流当中,并引导艺术人才海外实习。文化财团也是一个重要的机构,他们关注的是艺术创作,因此,在这方面加大力度,扶持各种艺术活动,如主办首尔艺术节等。

政府资金支持主要采取配比方式,其中一部分是政府振兴基金,是其中重要的来源;另一部分来自于产业基金,其资本又有两部分构成,一方面是政府,另一方面是民间,各自所占比例相当;最后一部分为民间基金,全部来自于民间资本。其中,产业投资基金主要有 Global Contents Korea 基金(支持韩国文化开拓海外市场)、Contents Korea Fund 基金(支持韩国文创产业),以及文化账户内容基金,基金规模分别为 1 000 亿韩元(1 亿韩元约合 58.9 万元人民币)、2 000 亿韩元和 9 739 亿韩元,均以母基金(Fund of Funds)的形式运营。母基金一般是指不直接投资于企业或项目,专门投资基金的基金。2005年由韩国中小企业厅、文化部、未来部等七个部门共同出资，交给专业投资机构负责操作，存续母基金期限为30年。这些基金投资于动漫、演艺等文创产业领域。这些基金会根据市场情况进行选择，评估风险，进而作出投资决定。

目前，产业投资基金由民间的专业公司进行运营和管理。政府每年对管理运作的绩效进行评价，并决定是否更换管理主体。基金有些是投资企业股权，有些被用来投资项目，但是仍以项目投资为主。在演艺领域，主要用于投资剧目创作、剧场改建等。公司在盈利的情况下，回馈政府事前约定的投资收益，再分配其余的利润。而当项目亏本时，公司要支付一定基金，这部分往往事先约定完成，确定比例情况，出现问题时必须按照协议支付，在此基础上再自行消化损失。通过自负盈亏这样相对市场化的运作，使得整个基金运行形成可持续发展机制。

纵观三个国家对于演艺集聚区的扶持，各有不同的政策。美国政府对百老汇的支持和它的文化政策基本保持一致，很少有资金从政府直接划拨给百老汇的剧院，但无论是联邦政府还是各级的州、市政府均从各个层面通过制定相关政策，扶持演艺产业的发展，并体现了大社会、小政府的理念，运用政府在顶层的宏观设计与资源协调能力，为百老汇市场的繁荣助力，其次是在政府政策支撑条件下成立的各种文化基金会，也对百老汇的剧院建设与运营起到了至关重要的作用。英国的“一臂之距”文化管理体系，通过非政府的艺术中介，向伦敦西区集聚区注入活力，艺术中介的存在避免了政府对于文化自由发展的干预。剧院上报商业计划，艺术中介通过成立的专家委员会进行评估，为伦敦西区的剧院拨款资助，除了每年的常规管理费用外，也对优秀的项目申请给予高额的资助，以最大的自由度为伦敦西区的剧院聚集区提供扎实的经济保障。而韩国政府对于大学路集聚区的支持几乎覆盖了全产业链，在政府的资金拨付中，还体现了公共资金与社会资金的配给拨付，兼顾了文化产业发展的导向性与市场性，较为全面地支撑了大学路集聚区的良性运作。

第五章 演艺产业集聚区的战略与竞争力分析

根据经济学家阿尔弗雷德·韦伯的观点，产业集聚的本质是形成拥有竞争优势的区域产业经济，并让该区内经济更有活力。早期的产业集聚，主要是企业希望通过集群效应来提高竞争力，随着区域产业集聚程度的提高，集聚区渐渐成为带领并推动当地区域经济发展的主动力。成熟的产业集聚区中，技术优势、规模效应、品牌效应等成为区域经济获取重大经济利益的重要手段。随产业集聚发展的深入，集聚模式受到巩固，经济效益会不断进入区域经济。“从现代产业理论的新进展来看，产业集群是提升区域产业竞争力的重要途径。”[1]

[1] 惠宁：《产业集群的区域经济效应研究》[M]，北京：中国经济出版社，2008年，第8页。

第一节 演艺产业集聚区的战略分析

以伦敦西区剧院的驻场、巡演模式为例，这种“聚”与“散”共同驱动的模式形成后，带动了整个伦敦经济飞速发展。密集的剧院集聚带动完整的配套产业在周边地区形成，同时也让集聚区中的剧院增强了核心竞争力。西区剧院的平均上座率可以达到86％，表明这里已经形成良性的表演艺术生态和区域性的文化繁荣。产业的集聚，让每个剧院在选择剧目、剧目制作、资金分配等环节，都尽善尽美。剧院和相关产业的集聚为演员、导演和制作人提供了更大的工作便利，可以将排练、演员培训、小剧场试演和正式演出全部集中于一个区块内，这样就更加便捷。同时也便于演出的打包宣传和买卖。演艺集聚便于形成品牌，对增加城市和国家的文化实力有着很大作用。剧场作为一种公共空间，决定了特定人群的活动也决定它的价值。西区剧院的集聚，让演艺文化和伦敦人的日常生活互相融合，对当地人来说除了看戏，这里还是社交和散心的生活中心；这种文化集聚也向游客展示了城市魅力和民族文化。“集聚”成为人们日常生活的一部分。伦敦西区，并没有突出的大型豪华剧院，它由四五十个的中小剧院以及外围散落的很多实验性小剧场构成，这种在某个范围内的相对聚集同时有一定扩散的剧院群形成了一种良性的文化生态，有利于演艺产业本身的发展，也融入了人们的日常生活，其文化价值和经济贡献远超过单个建筑规模巨大、装饰奢华、功能齐备的大剧院。中小剧院相较大剧院运营成本更低，这使得剧院产品能更具多样性，同时低廉的票价更加亲民，让剧场表演真正成为人们日常生活的一部分。

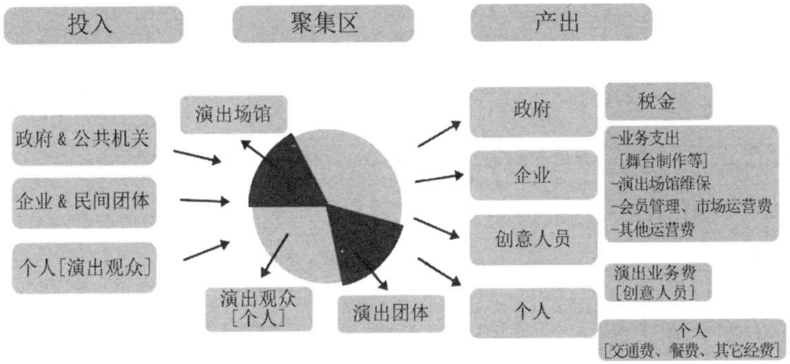

图 5.1.1　集聚战略效应分析[1]

就集聚区内的演出场馆而言，收入由以下部分构成：首先是自身向演出观众（个人）出售演出票等获得的收入，另外就是从政府或公共机构获得公共援助收入和从企业及民间财团等获得捐款收入。在这种收入结构下，集聚地区演出场馆向政府缴纳税费，向企业采购演出活动所需的物品和服

［1］ 孙晶、蒋伏心：《金融集聚对区域产业结构升级的空间溢出效应研究——基于2003—2007年省际经济数据的空间计量分析》，《产经评论》，2013。

务,向创意人员(演员和职员)支付工资等,从而形成消费支出行为。另一方面,观众除购买演出票,在观看演出前后也会有其它的消费行为。例如,与此相应的交通费、住宿费、餐费、饮料费等。这样,以集聚区为中心轴,演出场馆形成的消费支出行为和在该地区演出场馆观众的消费支出额合计,算出“集聚战略的经济波及效应”。

英国艺术委员会委托谢菲尔德大学开展了《英国演出场馆的经济波及效应研究 2004》(Economic Impact Study of UK Theatre,2004)。在开展这项研究之前,有关演出场馆的经济波及效应代表性报告是《温德海姆报告》(The Wyndham Report,1998),但该报告仅以伦敦西区的演出场馆为中心计算波及效应。该研究将伦敦西区的 49 家和西区以外的剩下 492 家,共计 541 家演出场馆设为整体进行了经济波及效应分析。调查基准年度为“2002/2003”会计年度。研究调查方法以英国国内 541 家演出场馆为调查对象实施全数调查。伦敦西区的 49 家演出场馆资料由伦敦剧院协会 SOLT(The Society of London Theatre)提供,其余 492 家演出场馆通过电子邮件、电话、网络等发布调查问卷,收集到其中 259 家演出场馆的资料(答复率为 53%)。

一、调查(研究)设计

为测定经济波及效应,该研究将以下项目设为主要参数。

表 5.1.1　调查研究概要(英国演出场馆的经济波及效应)

类　别	内　　容	
调查对象	伦敦西区演出场馆	49 家
	伦敦以外地区演出场馆(伦敦西区除外)	492 家
	合计	541 家
调查基准年度	2002/03 会计年度基准	
调查方法 1	全数调查	
调查方法 2	伦敦西区演出场馆	使用伦敦剧院协会(SOLT)资料
	伦敦以外地区演出场馆(伦敦西区除外)	问卷调查

表 5.1.2　主要参数(英国演出场馆的经济波及效应)

主　要　参　数
● 场馆收入
● 演出观众消费支出额(购票额除外)
● 职员工资
● 特殊津贴
● 物品和服务采购额
● 海外演出收入

二、主要参数

演出场馆收入包括售票收入、赞助款、援助款、捐款、项目销售收入、演出周边产品收入、餐饮供应收入等。

观众消费支出指来观看演出所支出的费用，包括除购票费外的交通费、餐饮费、托儿费等。将购票费从演出观众消费支出中扣除的原因是演出场馆收入中已包括了“售票收入”。观众的消费支出额是用于计算经济波及效应的重要变量之一。特别是就伦敦西区的演出场馆的观众而言，因伦敦西区演出具有世界性声誉，其它地区或海外观众支出的住宿费、进城费、地方特产（纪念品）购买费等在英国演出场馆的经济波及效果中占比权重高。

职员工资包括支付给与演出场馆企划和租场演出项目有关的演员、导演、其他创作人员及技术人员等的工资。

特殊津贴指自由演员特殊津贴，是以住宿费等名义支付给参与该演出场馆的演出项目的自由演员的津贴。这是该演出场馆所在地的酒店业的重要收入来源。

物品和服务采购额指用于购买为演出场馆运营而消费的物品和服务的金额，相当于演出场馆的维保费。

海外演出收入指英国演出场馆制作（企划）的演出作品进入海外市场获得收益以及赠给海外市场作品的援助金和赞助款。

利用上述参数，采用以下两种公式来计算经济波及效应，第一个（公式 1）是以演出场馆纯粹向地区经济和英国经济支出的金额为基准来计算经济波及效应。相当于在前面设定的主要参数中去除“演出场馆收入”和“海外演出收入”的支出金额。

> 【公式 1】英国演出场馆的经济波及效应(以支出金额为准)
> =〔演出观众消费支出额(购票额除外)＋职员工资＋特殊津贴＋物品和服务采购额〕×1.5[1]

第二种(公式 2)是利用所有主要经济波及效应参数的计算方法。如果说公式 1 是纯粹以演出场馆的支出金额为基准来计算经济波及效应的话,那么,该计算方法就是将"演出场馆收入"和"海外演出收入"包含在内的计算方法。该方法通过所谓投入和产出的综合性处理来进行计算,而相比于收入和支出(或称收益和损失)的观点,就是将"演出场馆收入"和"海外演出收入"设为投入和产出的主轴。

> 【公式 2】英国演出场馆的经济波及效应(包括演出场馆收入及海外演出收入)…………
> =〔演出场馆收入＋海外演出收入＋演出观众消费支出额(购票额除外)＋职员工资＋特殊津贴＋物品和服务采购额〕×1.5

但在用会计处理标准来看时,"演出场馆收入"与职员工资、特殊津贴、物品和服务采购额存在重复计的地方,恐怕会扭曲经济波及效应的计算值。[2]

三、主要结果

《英国演出场馆的经济波及效应研究 2004》(Economic

[1] "1.5"是加权系数,是为计算演出场馆对地区经济造成的连锁波及效应而使用的加权值。

[2] 作为演出场馆收入获得的金额最终会被用作演出场馆的相关支出(工资、特殊津贴、物品和服务采购费),所以存在重复计入的地方。

Impact Study of UK Theatre，2004）报告对伦敦西区演出场馆 49 家演出场馆和伦敦以外地区演出场馆（伦敦西区演出场馆除外）492 家的经济波及效应分别进行了分析，然后将两个地区演出场馆的经济波及效应合并，计算出英国演出场馆的经济波及效应。

此外，调研还采用上述调查设计公式 1 和公式 2 的分析方法，分别计算出两种方式下的经济波及效应。

采用公式 1 的英国演出场馆的经济波及效应分析结果

① 伦敦西区演出场馆的经济波及效应

> "西伦敦地区演出场馆"的经济波及效应 …………………………… (3)
> ＝演出场馆的售票总额＋演出观众消费支出额（购票额除外）
> ＝（£330 678 759 ＋ £641 943 090）×1.5
> ＝£1.5（单位：10 亿£）

② 伦敦以外地区演出场馆（伦敦西区除外）的经济波及效应

> "伦敦以外地区演出场馆（西伦敦地区除外）" ………………………… (4)
> ＝（259 家答复调查问卷的演出场馆的支出相关合计金额＋ 233 家未答复的演出场馆的支出相关金额推测值[1]）×1.5
> ＝（£501 003 853 ＋ £206 427 049）×1.5
> ＝£1.1（单位：10 亿£）

［1］ 采用公式 1 的未答复问卷的演出场馆的推测值计算（转下页）

③ 英国演出场馆的总经济波及效应⇨结果值(3)＋结果值(4)

表 5.1.3　采用公式 1 算出的英国演出场馆的总经济波及效应额

类　别	金额(£10 亿)
伦敦西区演出场馆的经济波及效应	£1.5
伦敦以外地区演出场馆(西伦敦地区除外)的经济波及效应	£1.1
合计(英国演出场馆的经济波及效应)	£2.6

采用公式 1 的英国演出场馆的总经济波及效应共计为 26 亿英镑,采取集聚战略的伦敦西区的剧场的经济波及效应约为 15 亿镑。虽然伦敦西区演出场馆数不过只占所有演出场馆(541 家)的 9.1%(49 家),但是其集聚经济波及效应却占所有演出场馆的 57.9%(约 15 亿英镑),其比重达到英国所有演出场馆的经济波及效应的一半以上,这一点给了我们非常大的启示。

(接上页)

* 推测过程:① 259 家答复问卷的演出场馆的支出相关合计金额＝£501 003 853
② "①"中 259 家演出场馆中排位靠前的 43 家演出场馆的支出相关合计金额＝ £309 638 028
③ "259 家答复演出场馆的合计金额"－"43 家演出场馆的支出相关合计金额"＝216 家中小规模演出场馆的合计金额(①－②)＝£501 003 853－£309 638 028＝£191 365 825
④ "③"中"216 家中小规模演出场馆支出相关合计金额"的平均值
＝£191 365 825÷216(家)＝£885 953

表 5.1.4　伦敦西区集聚区经济波及效应比重(采用公式 1)

类　　别	演出场馆数	经济波及效应(£10 亿)
伦敦西区演出场馆	49(9.1%)	£1.5(57.9%)
伦敦以外地区演出场馆(西伦敦地区除外)	492(90.9%)	£1.1(42.1%)
合计(英国演出场馆的经济波及效应)	541	£2.6

采用公式 2 的英国演出场馆的经济波及效应分析结果

① 伦敦以外地区演出场馆(伦敦西区除外)的经济波及效应

伦敦以外地区演出场馆(西伦敦地区除外) ……………………………… (5)
=(259 家答复调查问卷的演出场馆的支出相关合计金额＋ 233 家未答复问卷的演出场馆的支出相关金额推测值[1])×1.5
=(£862 560 762＋£338 541 544)×1.5
=£1.8(单位：10 亿£)

[1] 采用“公式 2”的未答复问卷的演出场馆(233 家)的推测值计算

＊推测过程：① 259 家答复问卷的演出场馆的支出相关合计金额=£862 560 762

② “①”中 259 家演出场馆中排位靠前的 43 家演出场馆的支出相关合计金额= £548 719 618

③ “259 家答复演出场馆的合计金额”－“43 家演出场馆的支出相关合计金额”=216 家中小规模演出场馆的合计金额(①－②)
=£862 560 762－£548 719 618=£313 841 144

④ “③”中“216 家中小规模演出场馆支出相关合计金额”的平均值
=£313 841 144÷216(家)=£1 452 968

⑤ 233 家未答复问卷的演出场馆的支出相关金额推测值
=216 家中小规模演出场馆支出相关合计金额的平均值(④)×233(家)
=£1 452 968×233(家)=£338 541 544

∴ 未答复问卷的演出场馆(233 家)的推测值=£338 541 544

② 伦敦西区演出场馆的经济波及效应

西伦敦地区演出场馆的经济波及效应 …………………………………… (6) = £2(单位:10 亿£)

③ 英国演出场馆的总经济波及效应⇨结果值(5)+结果值(6)

表 5.1.5　采用"公式 2"算出的英国演出场馆的总经济波及效应额

类　　别	金额(10 亿£)
伦敦西区演出场馆的经济波及效应	£2
伦敦以外地区演出场馆(西伦敦地区除外)的经济波及效应	£1.8
合计(英国演出场馆的经济波及效应)	£3.8

采用公式 2 计算的英国演出场馆的总经济波及效应共计为 38 亿镑,其中采取集聚战略伦敦西区演出场馆的经济波及效应约为 18 亿英镑。虽然伦敦西区演出场馆数不过只占所有演出场馆(541 家)的 9.1%(49 家),但是其经济波及效应却占所有演出场馆的 52.6%(约 20 亿镑)。

从上述分析结果来看,集聚区内的各剧院公司应该具备整体布局的战略意识,包括集聚区的整体定位、集聚区整体管理策略、集聚区整体市场营销策略等。这样集聚区的波及经济效应才能最大化。

表 5.1.6 伦敦西区演出场馆的经济波及效应比重(采用公式 2)

类　别	演出场馆数	经济波及效应(10 亿£)
西伦敦地区演出场馆	49(9.1%)	£2(52.6%)
伦敦以外地区演出场馆(西伦敦地区除外)	492(90.9%)	£1.8(47.4%)
合计(英国演出场馆的经济波及效应)	541	£3.8

第二节　集聚产业区内主要机构的结构分析

上海的剧院曾经很长一段时间是以剧目为中心的,演艺市场开放程度较低,节目资源稀缺,因此演艺市场的运作主动权在剧目手上,由内容来选择场所,造成剧场和剧目之间关系不平等。随着演艺市场政策的开放,剧场的角色渐渐开始发挥中心作用。比如位居上海演艺大世界中的上海大剧院、上海文化广场等场馆,作为剧场群的一部分,在满足一般常规节目后,自己控制安排演出季,引进国际化的大型剧目,一改过去简单的租借场地的经营模式。优质场馆开始处于演艺市场的中心地位,集聚效应增强,随着中国演艺产业的发展,演艺市场的不断完善,专业剧场管理运营模式呈现多元化发展态势。目前演艺大世界集聚区内的剧院主要有“政府拨款”“自收自支”“共同出资、专业剧院管理”“场团合一”四种运营模式。

一、“政府拨款”模式

上海大剧院运营模式为“事业单位、企业管理”。其直接隶属于上海大剧院中心，实行事业单位企业化管理体制；现有员工300多人，其中10%事业编制员工，其余是合同聘任人员，两类职员管理方式统一一致。大剧院资金来源分为政府文化发展专项基金和融资、主办和租场节目的营业收入、剧院艺术发展基金和演艺产业发展收入等。上海大剧院建设总投资12亿元，占地面积2.1公顷，建筑面积64 000平方米，总高度40米，内设大（1 631座）、中（575座）、小（300座）三个剧场，截至2019年累积演出达到10 700余场，观众达到1 300万人次，逐渐实现了其作为“中国剧院的标杆、城市文化的名牌、文化的创意中心”的发展愿景。[1] 上海大剧院市场化运作模式逐渐成熟。多年来的实践表明：企业化运作模式之下，剧院要做到可持续发展，关键是要建立并完善良性的商业模式。为此，上海大剧院努力探索符合市场规律、可持续经营的运行模式。概括而言，有如下若干方面特点。

[1] 《2019年上海大剧院年报》，3—4页。

一是开阔思路，开拓经营。上海大剧院有除了常规运作方式外，从不同的经营角度开拓新业务。第一，为了达到演出质量和较低成本的目的，会联合其他城市和地区分担巨额演出费和旅运开支。多次合作后，逐步开发除了一个亚洲巡演网络。第二，上海大剧院作为演出经纪机构，签约一批中国优秀演出团体和演员，并安排签约院团和演员在大剧院进行演出，同时积极向海外推广，来拓展演出业务并获得佣金。第三，积极参与亚洲各国和地区的艺术节庆活动，增进对其他国家文化领域的了解并建立联系，了解国际运行规则和惯例，切磋管理经验，借鉴学习，力争将自己打造成为亚洲演艺界的重要中心。

二是创新制度，策略营销。首先，上海大剧院要确定走向市场的主导部门，其中市场策划销售部门担当重任，必须具备三项职能。首先是预测和决策职能，主要是针对年度演出，要做好预测，明确定位，同时关注单向演出剧目，在决策上发挥作用。其次是策划职能，当演出剧目确定后，就需要加强宣传，做好市场营销工作；该部门需要根据市场状况，确定合适的票务推广方案，并按照计划实施。再次是要具备指导职能，方案制定完成后，就要进入实施过程，推向市场，该部门要及时监测市场状况，获取信息反馈，并对其进行分析，寻找问题所在，不断进行调整，给予相应指导。第二，市场策划人员在项目运作中发挥重要作用，全程参与其中，对每一个项目进行关注，随时做出调整。当项目推广后，他们要了解市场的关注程度，如果关注程度不高，需要及时作出反应，有可能延期实施，甚至提出取消该项目。项目的取舍严格按照流程进行，多部门参与其中，发表自己的意见，在此基础上做出的决策，往往更具有科学性，防止出现偏差。如果对一个项目的预测结果不佳，考虑有可能遭受利益损失，需要尽可能避免。演出的目的是为了获得市场效益，每一个项目的执行都需要遵照这一原则。第三，重视总结工作。每场演出后都应该进行，总结其中的得失，寻找问题所在，探寻最终根源，在此基础上不断改进，以求获得更好效果。演出结束后，市场策划人员会获得票务相关信息，会以此为基础制作市场报告，并将其反馈给策划部和宣传部。他们需要对市场做出准确分析，确定下一步目标，制定合理方案，寻找未来工作方向。[1] 第四，积极开拓市场，形成独立于其它剧场或演出单位的营销渠道。尤其注重建设网上资讯，搜集、整理观众购票形式、欣赏剧目、票价需求等信息，并进行归类分析，以便于准确预测市场需求。

三是开发资源，做好资产经营，更新管理理念，追求先进管理。上海大剧院一方面利用剧院品牌，组织旅游参观剧院、进行场次租赁等经营活动；另一方面开展艺术普及与培

---

［1］ 张蓓、黄海燕、方春妮：《上海体育场馆的经营与管理创新——借鉴上海大剧院经验》[J]，《体育科研》，2009，30(06)。

训,使其品牌的价值含量和信誉度不断得到提升。通过对剧院有形、无形资产进行有效经营,支撑剧院的可持续发展。另外剧院利用自身优势,加强与企业合作,充分发挥后者的作用有效开展活动。由于双方存在共同经营理念,因此容易形成共鸣,在此基础上建立长期关系,形成良好合作的局面,有利于双方发展。通过合同聘任激励人才,要求其达到规定标准,必要的时候给予淘汰或奖励,通过这种方式使人才的作用充分发挥出来。加强员工培训,给他们创造学习机会,同时利用激励机制,促使其努力工作。业务经营上精益求精,力求与国际接轨,引入国际质量管理体系,以此为标准调整自己,建立新的工作模式,对工作予以程序化、规范化和文件化,让剧院各项活动处于受管理者控制状态,达到持续改进的效果。引入内审和年审制度,通过这种方式产生督促作用,提升服务水平,不断加以改进,以提高观众的满意程度。

二、"自收自支"模式

以"事业单位、自收自支、企业管理"模式运营的剧院有美琪大戏院、兰心大戏院等,这也是目前较多剧场所采用的模式。自收自支剧场也可以获得部分政府补贴,但相对比例较低,与差额拨款单位之间的距离相对较大。这些补贴并非定时发放,往往需要临时申请,因而具有不确定性,是否能够获取要根据具体情况而定。在支出方面,人员费用和运营费用占支出的主体，由于自办演出并不多，所以相对演出成本也要略低一些。一些剧院建成时间较久，有许多离退休职工，需要负担退休费用，因此人员成本增高，相对于其他同类剧院来说，这部分的支出明显偏高。以兰心大戏院为例，该剧院本身是属于事业单位，因此编制也属于这一性质。但目前该剧院已经被托管，按企业的形式运营管理。收入来自于多方面，完全自收自支。从收入的情况来看，大部分为场租和售票，所占比例较高，虽然也可能会获得政府补贴，但是比例极低。该剧院可以临时申请政府补贴，但是也要看具体情况，这种补贴并非定时发放，比例相对非常低。以 2011 年为例，该剧院向政府申请补贴，获得 30 万元。从支出方面来看，除了运营费用外，其人员支出相对较高，这部分费用要高过其他的一些剧院。

黄浦剧院由黄浦区财政和黄浦区国资公司大光明集团一起出资改建，建成后由大光明集团委派总经理，在原运营团队基础上市场招聘了技术和营销人员，组成了共 25 人的管理团队，自主经营。

三、“共同出资，专业剧院管理”模式

演艺大世界集聚区内的上海文化广场是标志性的剧院之一，上海文化广场又名“上汽·上海文化广场”，20 世纪二三十年代，这里曾是旧上海的法商赛跑会，亦即逸园跑狗场，

场内能容纳二万余人，号称“远东第一大赌场”，并配有为赌客服务的旅馆、舞厅和露天电影院等。

2016 年 6 月 6 日，由陈毅题字的上海文化广场在重新改造后，首次获得企业冠名赞助，再次焕发勃勃生机。上海大剧院艺术中心宣布，与上海汽车集团达成为期 5 年的战略合作。同时，旗下的上海文化广场获得上汽集团 5 年冠名，成为“上汽 · 上海文化广场”。

由上海大剧院艺术中心、上海文化广播影视集团、上海精文投资有限公司、上海东方传媒集团有限公司共同出资成立了上海文化广场剧院管理有限公司，充分整合了沪上文化产业的项目资源、经营资源、传播资源、优势互补，形成了合力，开创了剧院管理的崭新模式，以音乐剧演出为主的上海文化广场成为了上海文化版图的一个全新地标。随着上海“亚洲演艺之都”城市文化品牌建设的持续推进，黄浦区演艺大世界剧场群落逐渐绽放出个性化的区位特色，形成共荣、共融、共赢的产业格局。在演出市场发展的宏观趋势之下，作为以音乐剧演出为特色的专业剧院，文化广场也正以差异化的细分定位，凝练机构内涵，扩展运营势能。运营第八年，文化广场继续深耕国内音乐剧产业土壤，“为观众选一部好戏”的步履不停，对“文化广场品质”的执着也从未松懈。在大剧院艺术中心和董事会的领导之下，2019 年同逾 10 400 位艺家及工作人员合作完成剧院内演出共 50 台 286 场，观众总数突破 42 万人次，全年举办公益活动 432 场，公司经营收入再创新高，实现连续 6 年盈利。与此同时，文化广场自制音乐剧《我的遗愿清单》(中文版)与《拉赫玛尼诺夫》(中文版)巡演全国 24 座城市，完成共 97 场演出，平均上座率达 75%。这份成绩单不仅记录下文化广场人一年以来的奔跑，其背后更意味着，文化广场的舞台正努力向更广大的公众传达更多元的理念。[1]

上海文化广场积极探索观众与剧院之间的紧密联系，通过"线上线下多维服务"的方式链接剧场与受众的关系。自 2016 年起持续推进票务系统及资源管理系统建设起，2019 年加速布局，将票务系统、泛会员管理系统、场地管理系统、场内管理系统、标签系统、内容管理系统、数据可视化平台等全面整合和持续优化，全年完成散客售票共 15.9 万张。目前，已将线上购票、电子票转赠、服务调研、活动报名、无纸化入场、广场小店、积分兑换、电子优惠券、停车缴费、在线调研等多项便捷服务提供给 25 万名会员。通过更贴近需求的温暖服务，从线上至线下，从剧院内到剧院外，连接更多的人群、活动与空间。

2019 年，文化广场利用剧院作为产业中间环节的平台优势和资源优势，打造孵化平台和创意枢纽，在舞台展演之外

---

[1] 《2019 年上海文化广场年报》，4—6 页。

结合人才培育、文旅互动、观众互联，成为行业内外、团队伙伴共创共制的平台。2019 年，文化广场努力构建“载体运营+音乐剧专业平台”的经营模式，多重整合产业资源，力求突破经营规模和硬件限制，开拓巩固各条线业务基础，创新引领产业生态、营销模式和资源平台。在演艺大世界集聚区的作用下，开展了“演艺大世界——2019 上海国际音乐剧节”，音乐节由上海市黄浦区人民政府、上海大剧院艺术中心主办，上海市黄浦区文化和旅游局、上海文化广场剧院管理有限公司承办，是中国首个具有专业度和系统性的音乐剧节。活动通过“一季展演”“一届论坛”“一场大赛”“一项计划”四大板块品牌，串联起国内外剧院、剧团以及媒体，激活中国音乐剧产业发展的一池春水，以最优资源、最大努力培育并推出优秀的演艺新生力量和市场主体，多角度助力中国音乐剧产业发展更上层楼。

同时上海文化广场积极开拓演艺大世界内的资源，积极寻求与学界、政府的合作关系，争取各类基金支持。全年获得上海文艺人才基金、上海市文创基金、上海市经济和信息化委员会专项资金、黄浦区文化专项基金、上海大剧院艺术基金等五项资助。同时在基金的支持下，开拓专业人才培训，举办“艺术管理跨界人才培养”“音乐剧制作人专业人才培养”等系列课程，吸引全国各地近 70 位专业人才参与，突破地域局限，全力创建“上海-台湾”“上海-首尔”的双向合作交流机制，为中国音乐剧创制和人才可持续发展出谋划策。同时受上海演出行业协会委托，持续完成上海剧场演出数据分析报告，为本市演出行业研究提供参考。

文化广场剧院管理公司持续探索规范化、专业化、集约化的管理模式，强调企业化、市场化的管理手段，一方面专注人才培养和梯队建设，举办、参与剧院内外各类人才培训项目；另一方面巩固深化剧院有质量发展的阶段性管理成果，为剧院各项业务可持续发展发挥积极的促进和保障作用。同时从演出巡查、反恐演练、硬体检修、预案梳理等方面，为观众提供更加完善、更加专业的场地服务。

运营以来，文化广场始终扛起中国音乐剧行业发展的大旗，已逐渐形成“看音乐剧，到文化广场”的口碑。文化广场以四季主题铺排全年演出格局，每年春季举办“原创华语音乐剧展演季”，在场租和推广服务上为创作者提供扶持，同期借助上海之春国际音乐节平台举办“音乐剧发展论坛”，搭建国内有影响力的产业全景研究平台，汇聚国际专业视野，探讨行业未来发展。夏季上演节目类型丰富，多元艺术满足市民文化需求。秋季结合剧院周年庆主题，主办出品整剧制作项目与音乐剧集锦演唱会，推进剧院自身内容特色与生产力，《极致百老汇》《法语音乐剧明星集锦音乐会》《春之觉醒（中文版）》《我的遗愿清单（中文版）》均获良好口碑。冬季“年末大戏演出季”引发全年观演爆点，通过引进《巴黎圣母院》《罗密欧与朱丽叶》《歌剧魅影》《伊丽莎白》,德语《莫扎特》《西区故事》,法语《莫扎特》等经典原版音乐剧巨制引领国内音乐剧市场的国际视野。

四、“场团合一”模式

这种模式是国际通行的机制。剧场在产业发展中起到基础作用,只有拥有了剧场才能使文艺院团发展起来,安排自己的演出,制定自己的目标,实现良性发展。上海话剧艺术中心、上海交响乐团都是这种模式的代表。上海目前正在文艺院团中全面推进“场团合一”模式,除了上海交响乐团和上海话剧艺术中心外,上海京剧院即将迁入新址,上海轻音乐团于 2015 年迁往浦东陆家嘴,还有亚洲一流的专业儿童剧场——上海儿童艺术剧场也是“场团合一”。另外宛平剧场改建已经接近尾声,2019 年底已经完成了剧场主体工程的封顶,预计 2020 年底全部建成,届时将以剧场、院团“合一”的形式筹划戏曲演出季,在充分满足上海各大戏曲院团经典、复排、新创剧目展演、驻演的基础上,诚邀全国各戏曲剧种以及海外戏曲团体、传统戏剧团体来沪竞技展演、切磋交流。定位以每年不低于 300 场的演出以及各类交流展示、艺术普及和影音体验活动,打造戏曲艺术的综合平台。上海话剧艺术中心走在了前列,实现了场团合一,由同一法人负责。这种方式本身具有一定益处,由于二者之间形成了稳定的联系,那么剧团的场租成本就会随之下降，起到了平抑票价的作用。由于剧场与剧团之间形成稳定的关系，因此演出会相对集中，有利于提高自身的知名度，打造自己的品牌，从而形成竞争力，在行业中占据优势。话剧艺术中心也得到了全面发展，引入了许多优秀话剧。

2014 年 9 月，随着上海交响乐团音乐厅的正式投入运营，上海交响乐团也成为以“厅团合一”模式为运营特点的乐团。2013 年上交体制改革正式启动。这次改革主要从三方面入手：一是建立独立法人性质基金会。基金会的建立需要依照法规和章程进行，理事会为决策机构。二是实行政府委托基金会管理模式。上交的举办单位发生改变，由上海文广局负责，通过委托协议由基金会管理。三是实行“厅团合一”模式。乐团不再是全额拨款单位，而是进行了调整，采取“厅团合一”模式运营。

上海交响乐团的管理运营模式具有较好的示范性与独特性，是上海市 18 个市属国有文艺院团实行一团一策管理制度，盘活国有院团管理运营模式最真实的写照。在院团体制改革之前，交响乐团一直靠拨款资助，但财政给予的经费有限，乐团靠端“铁饭碗”过活。那时候为了保证演出质量，音乐季每场演出要邀请著名的指挥家、演出高精尖曲目，需要支付很多费用，仅靠拨款和音乐季卖票收入根本无法平衡演出成本。1985 年上海交响乐团文化发展基金会的前身，艺术类基金组织——上海市发展交响乐事业基金会成立，1986

年,上海交响乐团在全国率先实施音乐总监负责制,在“艺术”和“行政”之间,确立了“艺术”的领导地位,但艺术与行政的配合一直以来困扰着交响乐团。2003 开始,上海交响乐团开始尝试通过走市场化道路,增加商业演出来解决资金来源问题。当时交响乐团一年的演出费已经达到 2 000 万,困境似乎已经破解,但票房的累积背后是过多的商业演出,无法保证艺术质量,乐团的声誉可能受到损害。上海交响乐团再次思考管理运营体制上的改革,参考了国外乐团的运行模式,探索政府和企业两条路径。

2008 年,乐团在政府支持下,再次改革,与国际接轨,仿照美国乐团的董事会制度,成立理事会,由理事会负责乐团的发展方向、艺术定位资金保障、人员配置、管理机制等重大决策。正因为这次被称为“大胆的机制创新”的动作,使上海交响乐团运营管理模式发生巨大的转变。改革后,乐团理事会成员由三部分构成。一部分是主管的政府官员代表,一部分是艺术家,另一部分是大型企业负责人等。这种模式下,政府官员主管,音乐家对艺术质量把关,企业为乐团提供经济上的支持,目前,乐团已经有 9 家理事单位。改革后,乐团收入来源同样主要为三部分,政府出资三分之一,演出收入、商业性演出收入三分之一,企业赞助三分之一。乐团通过改革,平衡了市场化需求,吸引了大企业资金。新机制也为上海交响乐团吸引了更多国际人才,催生了薪酬体制变化。理事会成立后，上海交响乐团在全球范围招考演奏员，并邀请世界顶级名团的首席演奏家担任评审。通过这样的方式，乐团补充了五分之一的新鲜血液，其中多是在海外留学或工作过的演奏员。2013年彻底形成由政府委托理事会管理乐团实际运作的制度。理事会在2008年决定聘请指挥家余隆为音乐总监，在余隆在大力提升常规音乐季层次的同时，在就任第一年就带领乐团给上海增添了两个城市品牌项目：上海新年音乐会和上海夏季音乐节（MISA）。2014年上海交响乐团进一步深化管理运营模式改革，成立了上海交响乐团文化发展基金会艺术委员会，并出台了首届艺委会章程。确定了艺委会的机构性质、构成、职责，明确了艺委会委员的产生、任职资格、工作内容、工作纪律等。制定了由基金会全权负责的方式运营，政府与其签署托管协议。理事会承担乐团日常运营的各项工作，从资金的募集到各种审议工作，甚至人员的聘用等方面都属于他们的工作职能。基金会理事会的管理模式对于上交今后的国际合作、走向国际舞台，以及吸引社会资源都有帮助。通过这种方式可以社会上的各个机构建立联系，具有可操作性，相对更为灵活。国外剧团的许多资金来源于企业，企业通过赞助的方式提供资金，同时也可以获取税收方面的优惠，政府给予大力支持，形成了良性循环的局面，我国在这方面尚显不足，导致基金会作用有限，还需要进一步发展。显然，关于“厅团合一”的模式，每个地方有各自的做法。上交在实施这一模式之前,也调研考察了一些国外的做法,例如波士顿、洛杉矶、纽约等城市各具特色的做法。但国情不同,体制存在差异,国外的经验和做法不能完全照搬,可以在自身基础上进行借鉴。虽然各地政策和运作模式各不相同,但都有着大同小异的核心价值:即追求更高的艺术水准和更强的产业价值。上交根据自己的实际情况,明确实行"以团为主导,团管理厅"的运作模式。

第三节 演艺大世界集聚区的同业竞争力

上海提出打造"亚洲演艺之都"的目标,加快布局演艺产业街区的资源,以及建设特定区域的场馆。与此同时,上海还采取灵活多样的措施,借鉴发达国家破解演艺场馆短板的做法,尝试因地制宜、因时制宜地解决订制型演艺场馆的空缺问题。总体来看,上海目前在演艺街区及演艺场馆群落建设方面,已有以下几大板块正在发育成型:第一,"打造演艺大世界剧场集聚区"计划,形成"演艺大世界集聚区"。2015年初,上海市黄浦区还特地向社会各界发布了"演艺集聚区'十三五'发展规划招标公告"。第二,率先形成的静安"现代戏剧谷演艺板块",该项目打破原有的局限,突破行政区的限

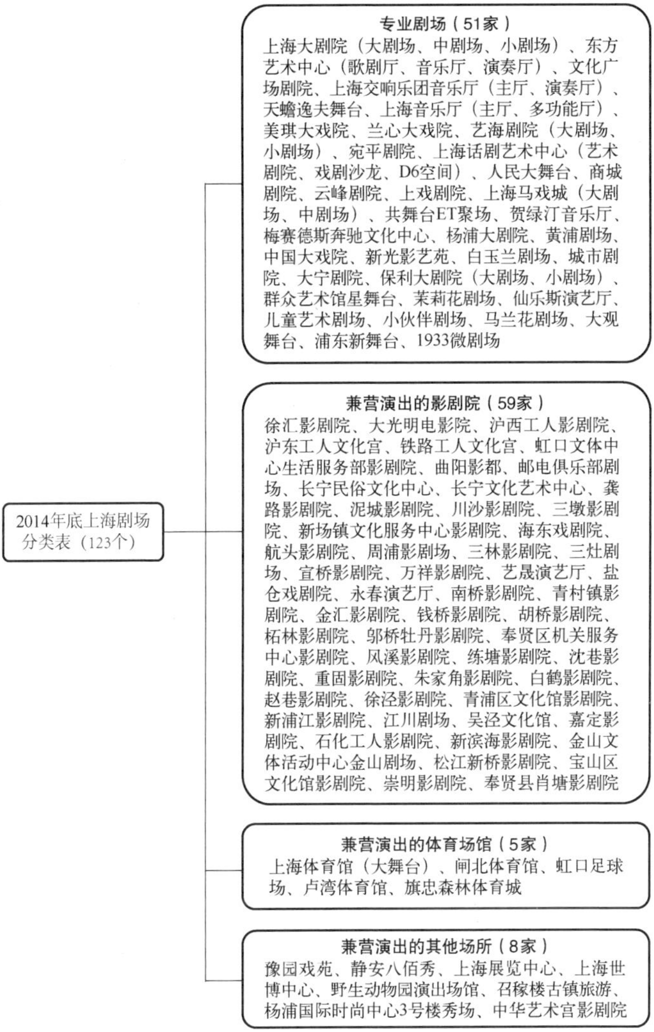

图 5.3.1　上海剧场(已登记)分类一览表[1]

[1] 上海市文化广播影视局、上海市文物局“十三五”文化专项规划内部资料,2015 年 12 月。

制，整合全市资源，进而扩展到国内，向全球发展。同时，整合产业链，并在此基础上创新，充分利用政府的作用，发挥各机构的潜能，吸引社会资源，实施自己的战略规划，在产业平台建立方面取得一系列成绩。第三，利用世博园区奔驰演艺中心对外招商联办，加上园区后续利用开发的可能性，形成"世博演艺板块"，并通过引进建造上海大歌剧院等项目优化构建该板块。第四，打造"徐汇滨江演艺板块"，通过徐汇滨江整体开发文化创意产业、建设滨江传媒港。此外，还有一些板块也在酝酿建设过程中。

演艺大世界集聚区与"十三五"正在建设中的其它剧院集聚区相较，具备以下几点优势：第一，剧院的区域位置处于上海市的核心城区，这与纽约百老汇剧院集聚区、伦敦西区剧院集聚区所处的区域位置完全相同。跟上海其它几个剧院集聚区相比，它在地理位置上具备绝对优势。第二，演艺大世界剧院集聚区内有上海大剧院、上海音乐厅、上海文化广场这些已经深入人心的剧院品牌，将会对整个集聚区的其它剧院的宣传营销有带动作用，可以借鉴纽约百老汇、伦敦西区、首尔大学路，进行整个剧院集聚区的捆绑营销。比如说全部剧院有统一票务公司进行整合营销，这样会比上海其它剧院集聚区具备绝对的优势。第三，演艺大世界是商业集聚区，整个剧院集聚区的商业配套都很成熟完善，餐饮、购物、休闲包括交通配套样样具备，相比之下，世博园和徐汇滨江地区许多商业业态都正在建设中，还需要多年时间来进行培育。演艺大世界剧院集聚区已经具备绝对优势。第四，在外地游客眼中，演艺大世界地区是上海旅游的必经一站，如善于利用旅游演出宣传的渠道，在这点上也具备上海其它剧院集聚区没有的优势。

演艺大世界与上海其它剧院集聚区相比弱势在于：第一，地理位置处于老城区核心商业地段，除了自带停车场的几家大剧院，有些改造中的剧院停车难是个问题。而徐汇滨江、浦东世博园剧院集聚区，它们的区域地块相对空旷，不存在停车难的问题。第二，徐汇滨江、浦东世博园剧院集聚区内的剧院多为新建剧院，在舞台设施、剧院功能等各方面的硬件条件有可能比演艺大世界的许多老旧剧院具有优势，特别是中国大戏院、黄浦剧场、白玉兰剧场、共舞台、茉莉花小剧场等一批老旧剧场。由于这些剧院是历史保护建筑，改造必然会受限于剧院本身的建筑结构，舞台的高度、深度、两侧舞台的空间都会受限，对比新建剧院不具优势。第三，演艺大世界的规模相对较大，其中有些剧院隶属于黄浦区，有些隶属于静安区。跨区管理问题是上海其它几个剧院集聚区不需要面临的问题。

第六章　提升演艺大世界国际竞争力的对策建议

产业集聚能降低交易成本，促进信息流动，形成产业氛围，对创新与经济协调起关键作用。[1] 产业集群的形成和发展，既要以市场为主导，又要及时调整政府的政策。要从战略和战术层面上，加快创新力度，带动打造产业集聚的基础。

“十三五”时期，上海市演艺产业作为重点发展的文化产业之一，在政策导向、居民收入水平提高、文化消费理念提升的大背景下，演艺产业整体呈现平稳发展的良好态势，演艺产业的市场活力逐步被释放。上海市形成了一批有影响力的剧场集群、演艺新空间，演艺产业聚集区快步发展，主要呈现出以下特点：

一、剧场建设呈现集群效应，剧场活力得到释放。“十三五”以来，剧场总量从 123 家增加到 152 家，其中 800 座以上

[1] 姚林青：《文化创意产业集聚与发展：北京地区研究报告》[M]，北京：中国传媒大学出版社，2013 年，第 66 页。

的大型剧场占 20%，年均增幅 7%。2018 年演出场次超过 200 场的剧场有 20 家左右，主要集中在黄浦、静安、徐汇等中心城区。目前演艺大世界北起北京东（西）路，南至金陵东（中）路，东邻福建中（南）路，西至黄陂北路、新昌路，周边 1.5 平方公里正常营运的剧场及展演空间 21 个，密度高达 14 个/平方公里，是目前全国规模最大、密度最大的剧场群。徐汇滨江剧场群（徐汇区）也形成一个庞大的剧院群落，成为上海目前唯一的沿黄浦江分布的演艺带。随着 2019 年 5 月《上海市演艺新空间营运标准》的正式出台，25 家演艺新空间完成授牌，这些由商业场馆变身而来的“演艺新空间”，最大的有 5.6 万平方米，最小仅 100 平方米，座位数从 100 座到 3 000 座不等，虽然规模、形制各不相同，但各式各样的新型演艺空间为演艺产业带来新的活力。[1]

二、文艺表演团体迎来蓬勃新发展。演艺大世界集聚区的硬件与院团的软件要结合形成演艺产业发展的动力，上海文艺表演团体的数量增长主要来自于民营院团的蓬勃发展，其中比较活跃的有 50 家左右。不仅有《四月歌声》《五十一把钥匙》等在全国展演平台赢得一席之地的主旋律作品，也有开心麻花、锦辉传播等广受市场欢迎的演艺品牌。此外，上海市 300 多家民营院团的在剧目排演数量和质量上取得

[1]《上海市文化发展“十三五”规划报告》。

了瞩目的成就，年演出场次超过一万场，形式丰富，内容新颖，成为繁荣文艺创作、助推市场活力的重要力量。

三、演出经纪机构探索新方向。演出经纪机构的数量均增幅 35%。其中，一些已经具有一定规模的经纪机构和演出企业正在从传统的演出中介、票务中介平台等，在产业链上向上下游进行业务延伸，进行战略布局，实现转型升级和产业增值。

四、演艺规模迎来新突破。演艺规模从“十三五”期间的 1.5 万场演出，增加到 3 万场，年均增长约 30%。观众人次从 750 万人次相应增加到 1 600 万，年均增长约 30%。演出收入 13 亿元增加到 18 亿元，年均增长 12%。如不出意外，预计到 2020 年，演艺规模将达到年演出场次 4 万场，观众人次 2 400 万，演出收入 22 亿元。

随着上海建设国际文化大都市步伐的加快，丰富城市内涵、提升城市品质、完善城市产业结构、繁荣城市文化市场成为上海建设国际文化大都市进程中的重要环节。然而到目前为止，演艺产业在集聚发展方面仍然有较大空间，政策环境成为演艺产业集聚发展的重要推动力量。2017 年 12 月，上海出台“文创 50 条”，提出上海将在提升创作演出能力、优化演艺设施布局、培育优秀演艺市场主体等方面发力，重点支持演艺大世界集聚区建设。演艺产业集聚区要在全球化的竞争中奋起直追，就必须提高整个产业的运作水平，鼓励创新，提升产业的投资水平与管理水平，产业积极向上的发展离不开政府的大力扶持，优质的平台是基础所在，只有这样才能促进演艺产业集聚。政府在其中要发挥重要作用，出台相应的配套政策。

第一节　集聚区的宏观产业布局

建立健全现代文化市场体系非常重要一点就是专业剧场的繁荣发展，这也是民众的需求所在。因此，必须要加强协作，发挥合力作用，加强文化建设，提高专业剧场服务效能。

一、支持多元化拓展演艺空间，推进剧场功能提升

近年来上海剧场在数量、设施、演出和管理等诸方面的发展飞快。但是剧场密度、区域分布、协同效用、市场空间、服务环境、运营管理都存在明显的不足之处，对此，上海从以下方面入手有效发挥协同效用，助力上海"亚洲演艺之都"的打造。

（一）推进演艺集聚区的建设。上海现有剧场 152 家，"十四五"期间上海重点支持演艺大世界等八个演艺集聚区的建设，以上海大歌剧院、梦中心、世博大舞台、世博文化公园及三林楔形绿地户外剧场等重大项目为龙头，推动黄浦江

沿岸剧场带建设，以及虹桥百老汇剧场群等的建设。

（二）支持多元化拓展演艺空间。近年来，演艺大世界形成了“一中心、五集群”的发展格局，即活力中心以及外滩集群、创意码头集群、世博滨江集群、新天地集群、复兴路集群。这里的展演有着丰富多彩艺术形式，不仅涵盖戏剧、戏曲、音乐剧、音乐会等各剧种门类，还有像“艺术天空”“城市草坪音乐会”等的户外演出平台。与此同时，支持一批依托游船、邮轮、码头等载体，打造体验性剧场和演艺项目；支持新建、改造提升一批专业剧场，支持部分剧场改造升级，新文化块功能开发，在广场、绿地、商业综合体、老厂房、产业园区、众创空间内等拓展一批中小剧场以及周边业态。

（三）支持剧场运营机制创新。“十四五”期间，上海市在剧场建设方面和运营机制方面，支持再创新，不断鼓励社会资本参与剧场建设、运营管理及票务营销运作。具体包括：支持新建剧场的设计建设运营一体化；深化体制机制改革，引入专业运营管理团队，提高剧场运营的市场化、专业化水平；试点搭建市级剧场服务平台，鼓励优秀舞台艺术作品进剧场演出等。

二、明确公共剧场性质、作用和定位，加强相关政策及资金支持

我国虽然有许多专业剧场，但都依靠公共财政投资。在

改制后转变为企业，所有权仍然属于国家，即国有文化资产。这些公共剧场的性质，决定了他们必须要承担重大责任，满足人们对文化的需求，发挥自身作用，传播文化，这对于社会的发展至关重要。因其国有资产的属性，具备公益性质，在发挥职能的同时政府给予支持，包括资金和政策等不同方面，如对于一些公益性演出，政府应该给予财政补贴；另外在政策上要适当倾斜，给予税收优惠，起到了扶持作用。

（一）借鉴发达国家成熟经费筹集模式

发达国家在这方面积累了丰富的经验，也探索出多种形式。首先要建立剧场经费保障体系，确定其收入来源。一般包括三部分，首先是政府补贴，因为剧场的公益性质，政府必然要给予支持，通过资金补贴达到要求；其次充分利用社会基金，主要是来自于各类赞助，其中企业占较大一部分，另外还会有一些个人赞助，其他一部分来自于一些基金会；第三为演出收入，这也是剧场收入中的重要一部分。从开支方面，剧场需要做好规划，日常维护和人员开支以政府补贴为主，运营等方面可以使用其他两部分资金收入。

（二）优惠税收政策

政府要给予适当支持，通过税收优惠政策降低剧院运营成本。由于各剧场的性质不同，因此适用的优惠政策存在差异，可以根据实际情况进行调整，给予不同的支持力度。特别对于公益性的公共剧场，应设立所得税、房产税等多种优惠政策。

三、制定标准规范，给予必要规范、指导

（一）制定建设标准

专业剧场的建设必须按照标准进行。首先从立项方面，需要充分考证，避免盲目立项。其次要设立剧场建筑标准，确保达到安全要求，保证建筑质量，满足剧场功能，从规划到设计，从立项到验收，从维护到管理，都应设立相应的标准，这样才能达到效益最大化。建设标准要详细到每个细节，如实际功能等问题。规范的建设标准有利于推动剧场联盟建设，也有利于资源合理利用，控制演出成本。

（二）制定剧场建设规范

剧场建设规范要贯穿始终，从立项开始，到验收结束，必须严格按照规范进行，使剧场建设科学化，满足规范化要求。政府投资需要事先做好论证，确定其可行性。要引入专家论证机制，设立专家库，邀请各方面专家，为建设提供意见，同时指导后续运营，避免出现脱节现象，以提高建设效率，获得最高收益。

（三）改善剧场分布结构

对于不同的剧场要采取不同的政策，尤其要关注老剧场和小剧场，以及一些级别较低的剧场，需要适当给予引导，进行政策支持。总体上，演艺大世界的剧场数量与百老汇、伦敦西区比较还显不足，尤其是大型剧场和小剧场缺乏，这个问题需要下大力气解决。演艺大世界区域内的老剧场，因为城市

建设和经济发展，拆除的剧场和挪作他用的剧场还不在少数，对此，需要做统一的规划，恢复重建与恢复使用势在必行。

（四）制定运营管理标准

要将质量管理体系建立起来，提升自身能力，为民众提供更好的服务。管理标准包含内容众多，从岗位划分到职能确定，从从业人员的服务质量到专业培训等。应该立足自身，借鉴发达国家经验，制定符合我国现行状况的标准，根据剧场分级而有所区别。

四、加强高端演艺人才的引入与培育

剧场经营管理需要人才，而现在剧院普遍处于人才匮乏的状态，这也是未来发展必然遇到的困难，对此需要重视起来，真正突破这一瓶颈。此处可以引入从业人员认证制度，通过考试和培训，确定从业人员资格，为行业补充人才。

（一）从业人员执业资格认定制度有助于满足人才需求，保证从业人员素质，是一种有效的方法。

许多国家就是采取这一方法来培训人才，我国可以借鉴这一做法，使剧场管理团队充实起来，集聚各类管理人才。因不同的岗位对从业人员的要求不同，所以可以在认证方面加以规定。

（二）加强人员培训，确定考核标准。

这项工作可委托相关组织来进行，也可以由艺术院校编制标准。培训工作可以在此基础上进行,按照统一规范完成,从而达到业务要求。

(三) 进行社会化培训,统一考核标准。

对从业人员进行专业培训,让他们掌握相关知识与技能,确定各级各类的考核标准,并以此为依据对人员进行考核。培训依照大纲完成,这里专门的认证机构,负责进行认证工作,按照考核标准进行评定,相关人员经过培训后,如果考试合格可以获得从业资格。

五、引导培育健康的市场环境

随着演艺产业的不断发展,剧场运营、市场环境等方面也暴露了诸多问题。对此,要改善演出市场状况,促进问题的解决。

(一) 进一步加强演艺内容原创品牌生产扶持力度

上海在不断推进文化艺术发展的过程中,为自己确定了十分清晰的发展目标:即要在努力成为文化交流"码头"的同时,力争成为文化原创源头。演艺内容产品原创及其相关品牌培育壮大,需要上海下决心加大对原创品牌生产的扶持力度,力争为演艺原创品牌研发生成创建一整套相对完备的综合性支持系统。这一支持系统主要包括以下几方面必备要素条件:一是逐步营造出一个能够超越体制内与体制外、国营与民营、国内与国外等身份限制,实现演艺原创人力资源可以自由跨界整合配置的要素市场氛围,让类似于"北漂"的"海漂"文化生态真正形成；二是树立“鼓励原创，宽容试错，健全法制”的文化管理自觉意识，推动文化管理者将演艺内容原创的主导权和决定权真正交给一线编剧导演，对于探索性实验性原创生产要给予更多包容，努力促进演艺知识产权保护成为人们普遍尊崇和实施的自觉意识；三是按照上海确定的“十三五”期间重点发展演艺产业的文化建设目标，适度加大对演艺原创生产的资金投入扶持力度，上海文化发展基金要更多地向演艺原创项目倾斜，同时鼓励社会资金及社会力量投资和参与演艺内容原创生产，推动演艺内容原创主体利用网络“众筹”、IP 改变等新形式来促进原创生产；四是要主动创建“借船出海”及“借力发力”的演艺原创生产国际合作交流机制，通过鼓励上海国营及民营院团与演艺业发达国家顶尖机构开展更紧密的人才合作、项目合作等，不断提升上海的演艺原创水平；五是在聚焦江南海派本土文化的内容发掘和演艺转化的同时，积极吸纳消化具有新媒体新业态特点的各类新兴演艺生产营销技术手段，并力争使本土内容与新兴手段实现有机融合。

（二）培育消费市场和消费观念

公共剧院要认识到自己的职责所在，在培育市场方面加大力度，逐渐过渡到“文艺社区”模式。以往观众在剧场中只能观看演出，需要改变这种形式，要向他们提供培训，通过组织各种活动，开展多种形式进行交流，培养具有欣赏力的群众团体。他们往往消费热情较高，对于剧院未来发展极有帮助。

(三) 规范票务市场的管理,形成良性发展状态

需要以自身状况为基础,参照国内外优秀经验,对惠民演出进行规范,使得整个产业能够良性发展。百老汇对学生和18岁—35岁的年轻人都有长期的优惠折扣,对于淡季也会在票价上给予很多折扣,以吸引观众看戏,另外百老汇的剧院还会和Theatremania、Broadwaybox、GoldStar等票务代理合作,通过以上票务代理购票,可以获得8—9美元的优惠。近几年还开发出了Today Tix等手机购票APP,在票务上给予更大的优惠。日本剧场也有很多惠民政策,他们在主要城市中,都会设置一些半票价剧场,让利于民。政府给予大力支持,发放各种补贴,有专门机构负责票务发放。具体剧目票务定期向社会发放,观众可以根据自身需要提交申请,获取的方式以抽签确定。这些举措有利于培养消费群体,满足他们的需要,同时也对市场的培育起到了作用。

另外,杜绝演艺市场的黄牛票问题。黄牛票在一定程度上影响了上海演艺市场的良性发展。比如中国大戏院2019年上演《威尼斯商人》,开票即售罄,随后代理网站等黄牛信息发布:票面880的票被炒到过万元,黄牛票扰乱了市场,甚至让部分通过正规渠道买到正价票的观众,转手高价卖出,进一步地刺激了票价的不正常,他们分别被业内称为“黄牛”和“粉牛”。如何规范现有的票务市场,通过合理票价拉动文化消费是当前急需解决的难题。市场核心是竞争,竞争的本

质是优胜劣汰，而票价市场混乱的产生则在于市场规则的欠缺与不完善。2019 年 8 月上海大剧院作为上海首家剧院，对演出实行实名售票、实名入场。不管是线下还是线上购票，每张有效身份证每场仅限购一张，每人每场至多可持两张有效身份证购买两张。购票成功后，观演人的证件号码将标注在演出票上。演出当天，观众须同时出示票面所标注的有效身份证和门票，才能入场观看，如因为观众原因无法前往观看演出，退票则需要通过上海大剧院的官方渠道。上海大剧院的实名购票制度很快推动了行业的尝试，票务中介大麦网首先跟进，并在售票中与其他平台联动，确保同一身份证在同一场次中只能购买一张票。因此，保护演出市场的公平与秩序需要建立完善的市场规则，满足公平竞争的要求。针对目前票务市场上出现的问题，在制定合理的演出票价基础上，一方面，要从演出产业的上游进行行业规范。如果经常廉价售票，客户就会流失掉，这样的行为就会导致票务公司连前期售票都卖不出去，扰乱票务市场秩序，长此以往，演出商在市场上很难有利润可言。建议从此处入手，明确规定，联合制止这种行为，加强宣传，注重对市场保护，发挥监管功能，指导正确行为，对一些不合理方式予以规劝，最大程度制止其发生。另一方面，建立票务监管系统。为进一步规范演出市场出售票务行为，有效抵制赠票、黄牛票的产生，票务监管系统进行统计，确定票务流向，加强监督，锁定异常情况，并及时向全行业进行发布，维护市场环境，鼓励正常渠道购票。

六、不断加强演艺经纪机构能力建设

上海应当着力破解演艺经纪能力不够强劲、国际化水平相对有限的短板。首先，要推动演艺经纪机构和个人更好地树立诚信意识、健全职业素养，为其吸引更多优质演出机构与之合作创造必要的条件。其次，推动经纪公司与赞助商、同行、演艺机构、合作伙伴、新闻媒体、政府部门及观众群体等，建立更为密切的合作关系。第三，努力提升经纪机构巧妙运用各类媒体的水平，推动经纪机构有能力通过报纸、广播等传统媒介进行宣传，采取多种形式运作，利用多种方式推荐自己的品牌，引发观众的观赏热情，博得社会各界对经纪机构的好感。第四，推动上海演艺经纪机构拓展海外市场，并与国外演出机构建立合作关系，形成长期的联系，打造全球演艺交易网，重点培养一些主流市场，形成牢固合作关系。同时，拓展沟通渠道，与国际演艺巨头建立联系，增强海外运营能力，积累相关经验，提升国际影响力。

第二节　管理运营机制创新

区域经济的发展离不开企业的进步，大量企业集聚，竞争难以避免。产业集聚带来巨大的变化，竞争是获得竞争优势的来源。集聚区内的企业本身具有竞争优势，往往是行业中的翘楚，位于前沿地带。演艺产业要发展，必须从多角度出发进行全面调整，创造出良好的政策环境和市场环境，这也是其发展的基础所在。

一、加强制度建设，优化艺术生产决策机制

2019 年，上海 18 家市级国有文艺院团新创（含改编）大型剧目 109 部，较上年增加 11 部；院团演出收入 3.03 亿元，较上年增长 0.18 亿元，增幅 6.3%；全年演出 10 790 场，较上年增加 571 场，吸引观众 329 万人次。2019 年，上海国有文艺院团充分利用各自优势，做优做实上海“演艺大世界”文化品牌。[1]

上海大剧院迎来了百老汇原版音乐剧《摇滚学校》中国首演，巴西圣保罗交响乐团的亚洲首演等；音乐剧《歌舞线上》《贝隆夫人》《摇滚红与黑》等在上汽·上海文化广场中国首演。上海京剧院、上海昆剧团、上海越剧院、上海沪剧院、上海淮剧团、上海评弹团、上海市人民滑稽剧团、上海民族乐团、上海木偶剧团等专业演出团体则为演艺大世界输送了大量优质演艺节目。

[1] 《人民网》文娱体育版，《上海 18 家国有文艺院团交 2019 年成绩：新创剧目 109 部演出收入超 3 亿》，2020 年 1 月 9 日。

集聚区通过打造重要演出品牌，引领观众文化需求，使游客向观众转化，助力带动区域演艺生态发展，形成产业规模。文化广场承办的“2019 上海国际音乐剧节”，是中国首个具有专业度和系统性的音乐剧节。全新的剧场式系列演讲项目“艺见”在大剧院正式开讲，分享艺术跨界新思想观念。小剧场戏曲节已连续两年在长江剧场举办，为集聚戏迷和更多观众提供了平台。“第五届上海国际喜剧节”首度与黄浦区演艺大世界合作，于 2019 年 11 月 8 日至 12 月 15 日举行，设有经典喜剧展演季、亲子互动喜剧、公益演出等板块。有 26 个剧目参加展演，共计 140 场正式演出。其中 17 个剧目，共计 67 场演出安排在黄浦区演艺大世界的剧场内进行展演。

上海国有文艺院团助力推进演艺大世界建设，步子越来越稳，节奏越来越快。浸入式戏剧《不眠之夜》已驻场演出三周年，2019 年《秘密影院：007 大战皇家赌场》全新亮相。《秘密影院》系列的体量更大，娱乐性更高，体验更丰富，受众面也更加泛化，不再局限于单纯戏剧观众，极大地拓展了传统线下演出娱乐的想象空间与触达边界。

但国有文艺院团与演艺大世界的结合仍然存在许多问题，比如尚显粗放的管理，不注重公信力，缺乏专业性，监督力度不足，导致生产力受到限制，释放有限，矛盾重重，许多问题积累下来。因此迫切需要建立一个有公信力的生产决策机制，使之既能统揽全局又能兼顾各方利益，符合现阶段事业单位改革发展的实际：

（一）改变艺术生产方式，尝试制作人制度

改革是一个不断推进生产要素优化配置的过程。过去文艺院团的改革着眼于队伍规模建设，注重精兵简政、减少冗员。自体制机制改革进入深水区后，国有文艺院团开始着力从机制、体制上进行改革，这不仅包括管理模式，还包括艺术生产方式。这方面可以学习走在前端的上海话剧艺术中心。上海话剧艺术中心作为一个“场团合一”模式的企业，在全国率先借鉴国外的先进经验，探索、创建了一套新型运作机制，适合市场需要，有利于自身发展，即制作人负责制。这种运作方式具有明显优势，首先体现在生产功能方面，可以得到大幅度提升；其次体现在管理职能方面，能够满足运行要求。新的机制带来了新的局面，制作人拥有较高的权力，可以对剧目进行选择，经过重重把关，引入论证机制，进而完成后续的一系列工作。转制以前许多文艺院团权责模糊，管理上较为混乱，许多问题凸显出来，甚至至今有一些还未解决。随着新体制的建立，制作人能够充分发挥作用，专职于剧目生产事宜，从而满足专门化要求，又有集中化特征，这必然有助于艺术生产力的提升，保证剧目质量，达到一定水准。制作人本身具有决策权，因此更为灵活，可以迅速抓住商机，在市场中赢得更多机会。制作人制目前仍在探索中，问题难以避免。可是，无论是经验还是教训，都是院团在市场化运行中的有益探索。

（二）观众拓展与营销不同，不会短期见效

在相当长的一段时间，上海大部分剧院只注重营销和票务工作，很少有剧院有理念要去做观众拓展这块的工作。近年，由于与国外剧院的交流频繁，不少专业剧院都开始做观众拓展的业务。首先观众拓展第一步该就是建立会员系统。表 6.1 梳理了上海几家典型剧院的会员俱乐部优惠情况。会员除了可以享受票价折扣、最新演出信息及资料外，还可参加

表 6.2.1　上海主要演艺院团优惠信息

<table>
<tr><td rowspan="3">上海大剧院</td><td>购票满300元</td><td>累计10 000元</td><td></td><td rowspan="13">杂志、免费大师讲座、会员活动、提前订票</td></tr>
<tr><td>无折扣</td><td>95 折</td><td></td></tr>
<tr><td></td><td>免费送票</td><td></td></tr>
<tr><td rowspan="3">东方艺术中心</td><td>买票</td><td>累计 2 000 元</td><td>累计10 000元</td></tr>
<tr><td>95 折</td><td>9 折</td><td>85 折</td></tr>
<tr><td>免费送票</td><td>免费送票</td><td>免费送票</td></tr>
<tr><td rowspan="2">文化广场</td><td>30 元</td><td></td><td></td></tr>
<tr><td>95 折</td><td></td><td></td></tr>
<tr><td rowspan="3">上海音乐厅</td><td>5 000 元</td><td>10 000 元</td><td>20 000 元</td></tr>
<tr><td>95 折</td><td>9 折</td><td>88 折</td></tr>
<tr><td>免费送票</td><td>免费送票</td><td>免费送票</td></tr>
<tr><td rowspan="3">话剧艺术中心</td><td>50 元</td><td></td><td></td></tr>
<tr><td>9 折</td><td></td><td></td></tr>
<tr><td></td><td>免费送票</td><td></td><td></td></tr>
</table>

剧院定期举办的艺术沙龙系列活动。通过会员制度，剧院会逐渐积累相当数量的固定观众群。

目前，很多国有院团所有演员干多干少报酬基本都是一样，这严重束缚了艺术生产力的发展。在这方面做得比较好的剧院上海话剧艺术中心，在转制后话剧艺术中心根据演艺人员职业特征建立演员俱乐部，从而提高管理水平。演员多劳多得，不劳不得。对参加中心工作的演员，奖励上不封顶，下限为零。演员如果没有完成一年四个月的演出任务，就要按照级别上交中心一定费用。改革之初，很多人都受到了冲击，但现在看来，话剧艺术中心对于演员管理机制的变革是比较彻底的，相关的配套措施也很完善，从实践效果来看很成功，演员收入逐年升高，大多数人赞成这种改革措施。制度实施后取得很好的效果，新的机制逐渐形成与完善，使得人才优势凸显出来，对于艺术质量的提高也有所帮助。

(三) 科学合理的薪酬管理与激励方法

上海话剧艺术中心的薪酬基本上分为基薪、员工福利、津贴、短期激励收入和长期激励收入。建立战略分配机制，有利于长远发展，根据不同岗位进行灵活调整，适当政策倾斜，可以调动从业人员积极性，逐步实现对剧院经费投入由个人所得转向演出项目，实现了资金良性循环，持续细化完善薪酬福利制度和绩效考核制度，更新与职务序列相配套的薪酬体系，适当提升业务骨干的薪酬收入水平；进一步完善专业人才队伍结构和人才梯队建设。同时，上海话剧艺术中心还建立弹性工作制，总时间固定，灵活选择。这种制度提高了员工的自由度，他们可以根据自身情况进行时间支配，尊重员工自由权、提高工作效率和责任感，有效减少了加班费支付。弹性工作制更加人性化，因而受到了普遍欢迎，取得了激励效果。这种工作给予员工自主权，使他们获得了尊重，责任感油然而生，因而效果较好。

二、追求联盟化、规模化、跨国化

总体来看，演艺事业近些年发展状况良好，增长趋势明显，组织方式上出现了较大的变化，体现出新的特征。这种变化并非一蹴而就。一直以来西方国家都注重演艺事业的发展，经历了漫长的时期，积累了丰富的经验，也形成了完善的体制。我国现在处于市场经济环境中，一些演艺机构充分发挥自己公益职能，有明确的社会担当，因此获得政府支持：政策上给予倾斜，资金上进行扶持，但这并非长久之计，仍需要接受市场挑战，不断提高自己。如果一个剧团以单打独斗的形式在市场上闯荡，那么有可能面临诸多问题，导致自己举步维艰。一些发达国家也曾遇到过此类状况，他们采取演艺集团的方式加以应对，实现风险共担，从而有效化解上述情况。联合可以有多种形式，但最终要达到上述目的。百老汇就是由多个集团掌管，其他的一些国家也大多采取这种形式。百老汇有49家剧院基本上属于三家集团公司管理，这一点类同电影行业，好莱坞电影公司不断并购现在也是由五大电影公司掌控。剧院集聚区天然物理空间相近，可以充分借鉴国外经验，为自身发展寻找到一条有效途径。其实对于欧美的借鉴早已开始，同时也参照了电影院线联盟的做法，学习需要一个过程。国内的一些剧院借鉴了百老汇的做法，建立一些文化街区，集中了许多剧院。我国体制内与体制外有明显的区分，国营与民营千差万别，企业与事业区别较大，目前的做法是在组织方式上的一大突破，不得不说是巨大的进步。许多剧院在这方面不断探索，经历了多年实践，发现与发达国家的水平还有不少差距，虽然市场竞争力有所提升，但尚未达到理想状态。发达国家的剧院集团所有的环节都融为一体，统一管理，统一规范，统一实施，才营造出巨大的全产业链格局。

世界格局在发生变化，文化贸易竞争不容忽视，许多国外演艺机构已经充分认识到这一点，依托自身优势发展自己，在现有的大环境中逆势上扬，瞄准了新兴市场，加大输出力度，在演艺贸易中成为赢家，实现了跨国化发展。从目前的情况来看，经济危机使许多欧美国家陷入困境，他们将目光转向了演出机构，通过文化输出的方式获得更多收益。这些机构努力开拓国际演艺市场，推动各种竞争要素的跨国流动。如美英在中国等国设立合资演出公司，实现共同经营。

他们的音乐剧出现了诸多版本，为的是向其他国家输出。一些知名演艺经纪机构入驻中国。国内在这方面发展不足，尚处于初级阶段，联盟化方面有所欠缺，规模化方面尚未做到，跨国化方面更是差异显著。一方面是“走出去”的能力和实力还相对较弱，一些国内顶尖院团赴海外巡演的场均票房收益，与欧美一些顶级院团到我国演出的场均票房收益，还存在着量级上的巨大落差；另一方面国内的演艺院线联盟还显得相当稚嫩，还受制于人脉关系及既得利益等因素的影响，市场配置演艺资源要素的决定作用一时间还无法完全发挥。

三、搭上“互联网＋”时代的顺风车

建立“互联网＋演艺”的管理创新思维。互联网拥有将大批观众引入艺术行业的能力和潜质，要将互联网技术与多种演艺资源相融合，以最大限度地拓展演艺信息的传递时间和空间。充分发挥互联网平台的聚合功能，使得拥有相同兴趣和需求的人得以联结，要着力打通线上聚合与线下观演体验的通道，推进线上大批潜在观众向线下演艺空间的转化。同时，互联网技术如大数据与云计算技术的使用，将有利于对潜在观众的把握，也就是加强对潜在观众的更加精准的细分。

发挥互联网技术与文化演艺的整合效应，建立线上线下统一同步的中心票房，打通各个票务平台数据的连接障碍。集成上海各剧场演出信息、重点节目推荐、公益演出线上直播、地图导览、在线购票、活动招募、观众互动等功能，开展集中宣传、整合营销、专业服务，推动全市剧场资源共享、合作共赢，为观众营造更便捷的观演体验。另一方面，集成平台有助于收集观众个人信息、观众反馈信息和观众调研信息等一手数据，观众大数据是智慧剧场的宝贵资产。

互联网的发展改变了人们的生活方式，随着技术的普及，许多演艺摆脱了束缚，开始向更广阔的空间发展。票务营销覆盖更边缘人群，这不得不说是一个进步。人们在互联网上可以预订机票，方便快捷，随时可以去外地观看演出，地域之间已经没有明显的限制。虽然这种方式有所突破，但实际仍处于初级阶段。大数据平台的建立带来了新的契机，可以利用云计算来进行分析，确定特定消费人群，进行精准推送，这样可以使效率大幅度提升，“微票儿”应运而生。这里的第三方网络购票平台主要从事网络购票业务，在短短的时间内覆盖了数百个城市，业务量大幅度激增。一些演艺服务机构也认识到这一点，开始采取行动，在各个环节中制定新战略，充分利用互联网技术，通过大数据分析，进行精准营销。另外，人们还发现：不少演艺产销主体为了降低成本、规避风险，开始巧妙运用网络众筹的方式，来事先为演艺活动预热并筹集活动所需的资金。如民谣乐队“好妹妹”，为了解决 2015 年 9 月 12 日北京工人体育场演唱会的资金缺口，就于 2015 年 6 月初开展了为期一个月的网络众筹活动，共筹得项目资金200多万，为演唱会的成功举办打下了坚实的财力基础。由此可见，环境发生了巨大变化，时代在进步，如何在此大背景下调整自己是必须要思考的问题。从上游的原创环节到下游的市场营销，任何一处都可以成为着眼点，利用科技手段加强创新，挖掘增长点，形成驱动力，将有助于演艺产业的发展，促进自身的进步。新的时代有着新的要求，演艺事业要充分认识到这一点，利用新的生产方式，采取新的营销手段，在变革中求新，通过机制改革，利用强强联手来发展自身。演艺业有着自己的生存法则，即使在新的背景下也应该遵守。这些年许多国外演艺品牌进入中国，并且落地生根，形成了热销状态，分析上述现象，原因就与此有关。一些国外的经典剧目在国内长盛不衰，上座率惊人，引发了观剧热潮，在演艺市场上获得了巨大效益。如《尼伯龙根的指环》，它是德国原版歌剧，有着140年的历史，享誉全球。当它引入中国后，立即引发了观剧热潮，体现出经典歌剧的魅力。由此可见，原创和创新本身充满活力，只有自身不足才会受到限制。创意与创新，时刻在创造奇迹，就如Lady Gaga的“数字皮肤”，赋予了她惊艳的妆容，在不断变换中赢得了阵阵尖叫。目前这些高科技产品已经广泛出现在演艺作品当中。一些海外机构为了全面降低实景演出的成本，甚至开创性地推出了演艺作品高清影视放映演出项目。如纽约大都会歌剧院早在2006年起，就启动了“高清歌剧”——这一根据经典歌剧品牌拍摄的影视放映项目。2016 年 3 月中旬，纽约大都会歌剧院带着自己精心拍摄的威尔第改编的莎士比亚歌剧《麦克白》，赴上海大剧院放映了 2 场。尽管也有观众觉得像看电影一样看歌剧演出，明显缺少现场感，但是毕竟相对低廉的票价，降低了观众走进剧场欣赏歌剧的门槛。创意原创所包含的范围广泛，思想主题与故事情节固然十分重要，但是在包装与制作等方面也可以体现出来，从细节方面入手，呈现出一种不一样的风格，让人耳目一新。

结　论

一、本书核心观点

鲍德里亚和杰姆逊认为消费社会中的目标是符号和影像。全新的消费方式对文化艺术发挥了前所未有的作用，对各方面产生影响，其中包括经济。时代发展出现了新的形式，演艺产业聚集区是演艺产业必然的选择，也是未来的发展趋势。当今时代大众传媒有着不可替代的地位，演艺产业的魅力难以阻挡。

随着社会经济的发展和人们文化消费水平的提升，演艺产业的发展成为大势所趋，必然会迎来一个新的时代。作为新兴产业，它受政府的支持，同时也会为国家文化发展做出巨大贡献。产业集聚未来将备受关注，对于演艺产业来说同样如此，同时也影响着未来政策走向。

演艺产业的集聚发展，不但涉及产业集聚的基础理论和范畴，而且涉及丰富的实践领域。本书结合纽约百老汇、伦敦西区、首尔大学路等国际案例，以提升上海演艺大世界的国际竞争力为目标，评述了演艺产业集聚理论的最新发展，探讨了产业集群与产业集聚的关系，演艺产业的生产要素和集聚得以形成的动力机制，演艺产业集聚区的战略与国际竞争力，以及有关演艺集聚区发展的对策建议。

本书对演艺产业集聚进行研究，通过相关理论的梳理和案例的探究，从定性到定量展开分析。立足于目前现状，寻求各因素之间的关系，揭示现象背后的内在规律，探寻经济学机制及其起作用的外在环境或外部条件。对演艺产业集聚的研究得出了一些有意义的结论，但由于数据资料、个人能力与时间等多方面因素的限制，仍有许多需要进一步深化的地方，也是演艺产业集聚的进一步研究方向。

二、本研究不足之处

由于国内剧院的大量数据不公开，且没有专业机构进行搜集整理；演艺大世界区内的许多剧场一直在翻修中，很多剧场几年来包括座位数和剧本舞台条件的数据都难以统计（事实上，百老汇和西区在剧院数据完全统计上也是一大难题）；对国外剧院管理者约见、访谈也有许多曲折，耗费大量时间，访谈内容更多的是比较偏主观定性内容，整理成论文可用的材料遇到很大的困难；特别是本研究想从剧院管理架构做中西比较研究这部分资料很难获取，大部分剧院管理层不愿意分享该部分内容。所以对制度建设、人员管理等方面都无法进行更加深入研究。甚至仅有几家剧院愿意提供几年的年报，所以对剧院财务状况、演出场次、票务情况数据都无法全面获取。这些内容希望以后条件成熟后继续进行补充和深化研究。

三、对未来研究的建议和展望

演艺大世界剧场建设在数量上似乎与纽约百老汇、伦敦西区的相距不远，但从剧场的硬件指标上看，还存在比较大的差距，比如很多剧院的舞台基本条件都无法承载大型演出，比如音乐剧和有换景要求的话剧演出。演艺大世界许多剧院都没有两侧副台。舞台深度、高度都不能承载除一景到底的剧目的需求。且许多剧院吊杆承重不够，连舞台灯都不能悬挂上去。所以上海近几年来大型音乐剧和话剧的演出几乎都集中在有限的几家剧院，因为其他剧院根本无法达到对方要求的剧场基本条件，目前，上海已经出现了剧场严重不足的现象。

希望在不久的将来，演艺大世界剧场改造全部完成后，平台化服务工作建设完成，能对集聚区内各剧院的设施、硬件条件、配套服务体系和管理体系有机地集中进行统计。这不但有利于管理，也促进科研机构做数据采集，只有拥有足够的数据作为基础，才能真正进行科学深入的研究，为上海城市戏剧产业集聚区建设和上海国际文化大都市建设提供有意义的佐证和借鉴。

参考文献

专著

[1] 王缉慈.创新的空间：企业集群与区域发展[M].北京：北京大学出版社，2001.

[2] 魏后凯等著.中国产业集聚与集群发展战略[M].北京：经济管理出版社，2008.

[3] 花建.文化产业的集聚发展[M].上海：上海人民出版社，2011.

[4] 袁海.文化产业集聚的形成及效应研究[M].北京：中国经济出版社，2016.

[5] 陈颖.创意产业集聚区环境优化设计及应用研究[M].杭州：浙江大学出版社，2012.

[6] 毛磊.文化创意产业集群的演化与发展[M].镇江：江苏大学出版社，2013.

[7] 张京成、李岱松、刘利永著.文化创意产业集群发展理论与实践[M].北京：科学出版社，2011.

[8] 梁君.区域文化产业升级机制与路径[M].桂林：广西师范大学出版社，2016.

[9] 史红亮、陈凯著.区域文化经济研究[M].北京：经济科学出版社，2016.

[10] 王熙元.创意产业增值价值链与互联网+融合发展研究[M].上海：东华大学出版社，2017.

[11] 华正伟.中国创意产业集群与区域经济发展研究[M].北京：中国社会科学出版社，2015.
[12] 韩顺法、杨建龙.文化的经济力量[M].中国发展出版社，2014.
[13] 刘寿先.集群创新：创意产业集群的理论探索[M].北京：经济科学出版社，2015.
[14] 欧阳坚.文化产业政策与文化产业发展研究[M].北京：中国经济出版社，2011.
[15] 李思屈.中国文化产业政策研究[M].杭州：浙江大学出版社，2012.
[16] 张艳辉.价值链视角下创意产业功能演化研究[M].上海：华东理工大学出版社，2011.
[17] 程立茹.文化产业金融创新问题研究[M].北京：中央民族大学出版社，2014.
[18] 张廷兴、董佳兰、丛曙光著.中国文化产业史[M].北京：经济日报出版社，2017.
[19] 德里克·张著、方华译.艺术管理[M].上海：上海书店出版社，2017.
[20] 凌玉建.论艺术生产的产业化转向[M].北京：中国社会科学出版社，2012.
[21] 阿莱西娅·左罗妮著、管理译.当代艺术经济学：市场、策略与参与[M].大连：东北财经大学出版社，2016.
[22] 皮埃尔·约特·德·蒙特豪克斯著、王旭晓、谷鹏飞、李修建等译.艺术公司：审美管理与形而上营销[M].北京：人民邮电出版社，2010.
[23] 林日葵.艺术经济学与文化产业新论[M].北京：中央文献出版社，2011.
[24] 尼尔·德·马奇、克劳福德·古德温编、王晓丹译.两难之境：艺术与经济的利害关系[M].北京：中国青年出版社，2015.
[25] 玛乔丽·嘉伯著、张志超译.赞助艺术[M].北京：中国青年出版社，2013.

[26] 露丝·陶斯著、周正兵译.文化经济学[M].大连：东北财经大学出版社，2016.
[27] 顾兆贵.艺术经济学[M].北京：生活·读书·新知三联出版社，2013.
[28] 戴维·索罗斯比著、易昕译.文化政策经济学[M].大连：东北财经大学出版社，2013.
[29] 戴夫·奥布赖恩著、魏家海、余勤译.文化政策：创意产业中的管理、价值和现代性[M].大连：东北财经大学出版社，2016.
[30] 詹姆斯·海尔布伦、查尔斯·M.格雷著、詹正茂等译.艺术文化经济学[M].北京：中国人民大学出版社，2007.
[31] 布鲁诺·S.弗雷著、易晔、郝青青译.艺术与经济学：分析与文化政策[M].北京：商务印书馆，2017.
[32] 艾伦·J.斯科特著、董树宝、张宁译.城市文化经济学[M].北京：中国人民大学出版社，2010.
[33] 理查德·E.凯夫斯著、孙绯等译.创意产业经济学：艺术的商业之道[M].北京：新华出版社，2004.
[34] 阿弗里德·马歇尔著、廉运杰译.经济学原理[M].北京：华夏出版社，2017.
[35] 阿尔弗雷德·韦伯著、李刚剑、陈志人、张英保译.工业区位论[M].北京：商务印书馆，2011.
[36] 迈克尔·波特著、李明轩、邱如美译.国家竞争优势[M].北京：中信出版社，2012.
[37] 大卫·赫斯蒙德夫著、张菲娜译.文化产业[M].北京：中国人民大学出版社，2016.
[38] 褚劲风.创意产业集聚空间组织研究[M].上海：上海人民出版社，2009.
[39] 王发明.创意产业集群化导论[M].北京：经济管理出版社，2011.
[40] 刘立云.中国"嵌入型"文化产业集群发展研究[M].北京：社会科学文献出版社，2014.

[41] 张公嵬.产业集聚与资源的空间配置效应研究[M].北京：经济日报出版社，2014.
[42] 姚林青主编.文化创意产业集聚与发展：北京地区研究报告[M].北京：中国传媒大学出版社，2013.
[43] 朱英明.产业集聚、资源环境与区域发展研究[M].北京：经济管理出版社，2012.
[44] 李万峰.产业集聚区：科学发展观的科学体现：北京市文化创意产业集聚发展研究[M].北京：中国文联出版社，2010.
[45] 惠宁.产业集群的区域经济效应研究[M].北京：中国经济出版社，2008.
[46] 梁琦.产业集聚论[M].北京：商务印书馆，2004.
[47] 刘长全.中国产业集聚与生产率理论框架及影响分析[M].北京：经济管理出版社，2010.
[48] 刘晓明、方世忠.都市戏剧产业[M].上海：上海文化出版社，2010.
[49] 马明.全球化背景下国际演出市场竞争优势[M].北京：知识产权出版社，2013.
[50] 吴丰林.城市产业集聚动力与模式研究[M].北京：知识产权出版社，2017.
[51] 徐强.产业集聚因何而生中国产业集聚形成机理与发展对策研究[M].杭州：浙江大学出版社，2004.
[52] 托马斯·F.凯利著、沈祺译.首演[M].北京：商务印书馆，2011.
[53] 尼尔·格兰特著、黄跃华译.演艺的历史[M].太原：希望出版社，2005.
[54] 陈平，剧院运营管理：国家大剧院模式构建[M].北京：人民音乐出版社，2015.
[55] 大桥毅彦著、赵怡译，上海租界与兰心大戏院[M].上海，上海人民出版社，2015.
[56] 路云亭、乔冉，浮世梦影：上海剧场往事[M].上海，文汇出版社，2015.

论文

[1] 魏后凯.对产业集群与竞争力关系的考察[J].经济管理,2003(06):4-11.

[2] 魏后凯.我国产业集聚的特点、存在问题及对策[J].经济学动态,2004(9):58-61.

[3] 陈倩倩、王缉慈.论创意产业及其集群的发展环境——以音乐产业为例[J].地域研究与开发,2005,24(5):5-8.

[4] 林凡军.基于演艺产业生态理论的演出院线内涵与机理研究[J].山东社会科学,2017(10):67-72.

[5] 臧志彭、解学芳.论我国演艺产业发展模式的变革与重塑[J].理论月刊,2013(04):123-127.

[6] 王广振、曹晋彰.中国演艺产业发展反思与演艺产业链的构建[J].东岳论丛,2013,34(04):5-12.

[7] 王玉、杨杨.中国演艺产业投融资问题及对策研究[J].艺术百家,2015,31(01):99-104.

[8] 关学增.中国演艺产业投融资中的政府行为研究[J].中州学刊,2017(06):18-22.

[9] 张佳文.上海演艺场馆空间布局的历史轨迹[J].上海城市规划,2012(03):38-42.

[10] 刘素华.百老汇为何存在于纽约?——论城市禀赋结构与文化产业区位选择[J].中国文化产业评论,2010,11(01):331-347.

[11] 符号.首尔大学路演艺集聚区发展模式浅析[J].现代经济信息,2017(09):407-409.

[12] 孙兆刚、徐雨森、刘则渊.知识溢出效应及其经济学解释[J].科学学与科学技术管理,2005(01):87-89.

[13] 陈平.中国剧院发展现状与时代思考[J].艺术管理,2019.12.

[14] 陈平.新常态下剧院建设思路探讨[J].建筑技艺,2016,11.

[15] 陈平.大力提升“十三五”期间我国剧院行业总体发展水平[J].北京观察,2016.03.

[16] 陈平.打造高雅艺术与优秀民族艺术殿堂[J].求是,2012.12.
[17] 费元洪.伦敦西区戏剧生态近况[J].上海戏剧,2015.12.
[18] 慕雨.伦敦西区音乐剧产业结构分析[J].北京舞蹈学院学报,2009.03.
[19] 戴拥军.金融危机下伦敦西区剧院的运作之道[J].中国戏剧,2009.02.
[20] 陈敏.析英国戏剧产业运营对中国戏剧业发展的启示[J].艺术评鉴,2018.
[21] 李冰洁、马爱萍.探析百老汇的文化产业运营机制[J].歌剧,2019.
[22] 黄冰园.中美音乐剧的发展现状及现实社会意义探讨[J].西部广播电视 2019.2.
[23] 郑维雄、马天宗.百老汇音乐剧的市场运营与产业机制[J].中国文艺评论 2018.11.

学位论文

[1] 袁海.文化产业集聚的形成及效应研究[D].陕西师范大学,2012.
[2] 戴钰.文化产业空间集聚研究[D].武汉理工大学,2012.
[3] 陈颖.创意产业集聚区环境对创意企业竞争优势的作用机制研究[D].东华大学,2011.
[4] 孙洁.文化创意产业集聚动力机制研究[D].上海社会科学院,2012.
[5] 华正伟.我国创意产业集群与区域经济发展研究[D].东北师范大学,2012.
[6] 鲍枫.中国文化创意产业集群发展研究[D].吉林大学,2013.
[7] 殷广卫.新经济地理学视角下的产业集聚机制研究[D].南开大学,2009.
[8] 赵如璋.上海戏剧产业集聚探索[D].上海交通大学,2013.

[9] 曹晋彰.演艺产业链的构建研究[D].山东大学,2012.
[10] 黄炜.旅游演艺业态创新驱动因素的扎根研究[D].南开大学.2012.

英文文献

[1] Krugman P R. “Geography and Trade”[J]. *Southern Economic Journal*, 2008, 1.
[2] Gornostaeva, Galina & Cheshire, Paul. “Media Cluster In London”[J]. *Cahiers DeL*, 1 aurif. 2004, 135(113): 167－179.
[3] Porter, M. E. *The Competitive Advantage of Nations*[M]. New York: Free Press, 1990.
[4] Pratt A C. “Cultural Commodity Chains, Cultural Clusters, or Cultural Production Chains?”[J]. *Growth & Change*, 2010, 39(1): 95－103.
[5] Fleming L, Marx M. “Managing Creativity in Small Worlds”[J]. *Social Science Electronic Publishing*, 2006, 48(4): 6－27.
[6] Hesmondhalgh D, Hesmondhalgh D. *The Cultural Industries*[M]. Sage Publications, 2013.
[7] Vogel H. *Entertainment Industry Economics*[M]. Cambridge University Press, 2007.
[8] Mommaas H. *Spaces of Culture and Economy: Mapping the Cultural-Creative Cluster Landscape*[M]. Springer Netherlands, 2009.
[9] Keith Bassett, Ron Griffiths, Ian Smith. “Cultural Industries, Cultural Clusters and the City: the Example of Natural History film-making in Bristol”[J]. Geoforum, 2002, 33(2).
[10] Hospers G J. “Creative Cities in Europe”[J]. *Intereconomics*, 2003, 38(5): 260－269.
[11] Grant M N. *The Rise and Fall of the Broadway Musical*[M].

Northeastern University Press, 2004.

[12] Landry C. *The Creative City*[M]. Earthscan Publications Ltd. 2008.

[13] Throsby D. *Economics and Culture*[M]. Cambridge University Press, 2001.

[14] Storper M, Scott A J. "The Wealth of Regions: Market Forces and Policy Imperatives in Local and Global Context"[J]. *Futures*, 1995, 27(27): 505 - 526.

附　录

附录一　演艺大世界——人民广场剧场群一览表

人民广场	上海大剧院
	上海音乐厅
	天蟾逸夫舞台
	新光影艺苑
	人民大舞台
	茉莉花剧场
	共舞台
	仙乐斯木偶剧场
	黄浦剧场
	大世界
	上海城市草坪音乐广场
	中国大戏院
	长江剧场

（续表）

复兴路集群	文化广场
	KFS建筑生态箱剧场
	俞振飞昆剧厅
	兰心大戏院
	白玉兰剧场
	黄浦文化馆
	雅庐书场
	Mao live house
新天地集群	拉法耶艺术中心
	新天地展演空间
外滩集群	林肯爵士乐中心
	外滩源联合教堂
	划船俱乐部
创意码头集聚区	外滩金融中心艺术中心
	水舍秀场
	豫园古戏台
	海上梨园
	黄浦文化中心
	董家渡地块
世博滨江集聚区	三山会馆
	上海当代艺术博物馆
	儿童艺术剧场

附录二 演艺大世界部分剧场的基础设施情况及问题分析

目前,黄浦区各类剧场和展演空间已达到39个,特别是演艺大世界周边的1.5平方公里区内,运营的剧场及演艺空间有21个,其密度高达每平方公里14个,不仅是国内最高密度,也与最负盛名的百老汇剧院数目几近。笔者长期在上海从事舞台剧制作人的工作,使用过人民广场区内多家剧院,首先对比百老汇剧院都是可供大型音乐剧演出的标准商业剧院来说,演艺大世界剧场群可用于大剧场商业演出的剧场不足10家,能承接大剧场商业音乐剧演出的剧场不足5家。由于笔者的研究比对的是百老汇和伦敦西区的剧场,这些剧场都是承接大型音乐剧和话剧的剧场,其它的中小型演出都是在外百老汇纽约和外西区的剧场演出,这不是我们研究的题目,不属于集聚区剧院,在此我们不做对比研究。笔者现梳理了人民广场剧场群区内可供大型音乐剧和话剧演出的剧院基础设施与相关参数,情况详细分析如下:

一、上海大剧院

（一）基础设施

从人民广场地铁口出来步行十分钟内可达，区位优势明显，交通便利，地铁多条线路可达。

上海大剧院 地址：上海大剧院位于黄浦区人民大道300号			
占地面积	11 528平方米	建筑总面积	70 000平方米
总高度	40米	总层数	10

整个建筑共计10层，地下2层，地面6层，顶部2层。剧院内共有大中小三个剧场，分别是可用于演出芭蕾、歌剧和交响乐的1 800座位大剧场；适合上演地方戏曲和演奏室内乐的550座位中剧场；还有便于进行话剧和寻常歌舞表演的250座小剧场。另外，大剧院还拥有一个宴会厅，位于顶层八楼；一个文化展示厅和一个马克西姆咖啡厅，位于剧院底层，还有一个地下车库，能接纳超过170辆车等众多辅助设施。

（二）音响、灯光设施

大剧场的建设要求极高，音响和灯光设备更具独特性能。音响系统选用美国JBL专业设备，灯光系统采用比利时ADB公司的顶级产品。

音响设施：音响选用了世界上最先进的设备组合而成，

它采用了立体声的集中式和分散式相结合的扩声方式,分左、中、右三通道,上、中、下三层分布。

40多只音箱以各种不同的角度面向观众席,使声场分布均匀;舞台四周设有7只传声器接线盒,可随意连接;调音台分为控制室调音台、现场调音台、舞台反送调音台,可根据需要灵活应用;观众席混响时间用可调式帘子调节,混响时间为1.3—1.9秒可调,以满足各种演出的需要。

灯光设施:厅上空有两道面光灯桥,一道追光灯桥,台口两侧各有五列耳光。舞台上空不但有一道台口灯桥和三道灯桥,而且灯具可随意安装在各景杆上。台口两侧各有一台口灯塔。舞台两侧各有五道灯光吊笼,与流动灯车一起使用可提供五道侧光。

舞台顶部悬挂着82根吊杆、40个吊点和3座灯光桥、2根灯杆、1道二道幕。其中主舞台上空有57根吊杆,最大提升高度为29米,载重能力约为800公斤,最快提升速度为1.8米/秒,定位精度高、同步性好,换景方便。

大剧场有900个调光回路供演出使用,有两个固定面光位置和一个追光室,耳光位置在台口两侧。调光台可通过DMX信号或网络对灯光设备进行调试及控制。左右两侧舞台各有5台电动灯光侧吊笼,可横向及高低定位。

(三)舞台设施

上海大剧院是国际级别的大型剧院,舞台设备属于世界顶级水平。由计算机控制所有的舞台设备，即使是世界最高级别的剧团演出，上海大剧院不论是技术上还是设备上，都能够满足演出需求。舞台设备的设计者是日本三菱重工株式会社，由他们制造完成。除了主舞台外，还设置了一个后舞台，还有两个侧舞台可供使用。能够完成平移、升降、倾斜、旋转等各种变换的操作，舞台占地面积较大，达到 1 700 平方米，主舞台、后舞台、两侧舞台的面积分别为 728 m^2、360 m^2、270 m^2。整体尺寸是亚洲地区之最。可以说这是最新式的舞台，集多种功能于一身，主要体现在地下操作，比如《魔笛》的演出并不影响整个台面的布景，侧舞台在英国剧院主要用于歌剧和舞剧，而上海大剧院所利用的类型更多。舞台表面所使用的地板来自于美国，材质是优质的扁柏木材，地板弹性较好，可以承载各种类型的演出。主舞台地板共有两层，距离为 3.6 米，为了满足演出需求，还设置了 54 个特技表演口。为了配合芭蕾舞演出，剧院不但提供了弹性木地板，还提供了胶布等设施。大剧场还安装了电动吊杆，数量为 82 个，遵循设计要求被安装在舞台的不同区域，其中 58 根被安装在主舞台。事前编排好的程序，这些吊杆能够完成自行运转，不论是哪种类型的演出，其需求都能够被满足。

舞台技术资料	大剧院	中剧场	小剧场
座位数	1 631	610	210

（续表）

台口	宽 18 m/高 12 m	宽 12 m/高 8 m	/
主台	深 24 m/高 28.5 m	深 8 m/高 15 m	/
副台	左 216/右 216	/	/
乐池面积	100	24	/
化妆间	35 间	6 间	3 间
楼层情况	一楼 1 061 座、二楼 156 座、三楼 414 座	一楼 360 座、二楼 123座、三楼127座	/
配套设施	1. 吊杆 82 道； 2. 两道面光灯桥，一道追光灯桥，台口两侧配备五列耳光； 3. 西门子 ADB 灯光设备； 4. 调光台为 ADB； 5. 调光柜为 ADB； 6. 音响为 JVC 专业设备，分左、中、右三通道，上、中、下三层分布	1. 灯具总量：80 只； 2. 吊杆：电动 25 道； 3. 标准灯光和音响设备	标准灯光和音响设备
演艺形式	交响、芭蕾、歌剧、音乐剧、室内乐、舞蹈、话剧、戏曲、综艺晚会	各类中型演出、室内乐、歌剧、舞蹈、话剧、戏曲	话剧、见面会、各类小型演出

（四）问题分析

上海大剧院大剧场是能够承接标准音乐剧演出的。而中剧场的台口宽度和深度是完全达不到标准音乐剧演出需求的，且没有副台提供足够换景空间。舞台的吊杆数量也不足，仅能够保证基础灯光。所以中剧场上演的都是中型话剧音乐剧，且舞美设计是几乎不用更换场景的。

二、上汽文化广场

（一）剧院结构

上海文化广场附近绿化率高，总占地面积 6.5 万平方米，绿化部分占了 56.5%。十分奇特的是，与其它剧院建筑位于平地不同，它向下拓展，最深处达到了负 32 米。美国著名的设计公司 STUDIOS Architecture 和 Team 7 International 联合为文化广场大厅和观众厅打造了室内设计方案。鉴于该地环境有特殊性，加之建筑外形比较独特，把大量曲线应用到设计中来，采用了流线型和凤凰羽毛，达到较好的装饰效果，使建筑外形特色得以彰显，加入凤凰“浴火重生”的概念打造室内空间。大厅中央有一个约 10 米高的喷泉，被称为“艺术之树”，呼应了进厅时的树状钢结构以及代表了“生命之源”的出自丁绍光先生之手的玻璃壁画，让观众好似踏入原生态的自然中。

（二）舞台参数

舞台类型：镜框式舞台

大剧院 舞台技术资料	主舞台	后舞台	左右侧台
宽	19.0 m	21.0 m	22.0 m
深	22.4 m	21.0 m	25.0 m

舞台载荷	静载荷：500 kg/m²	动载荷：100 kg/m²
活动台口	中片	侧片
尺寸	长 22 m、宽 1.1 m、高 7.0 m	长 4 m、宽 1.1 m、高 13 m
承重	3t	1.8 t
台口宽度	6.5～11.5 m	16.5～20.0 m

三、上海音乐厅

上海音乐厅的前身是南京大戏院，是在 1930 年建立的，后来更名为北京电影院，在 1959 年时更名为上海音乐厅，此名一直沿用至今。作为全国第一座音乐厅，在上海音乐厅进行了大量的音乐活动，“上海之春音乐节”“国际广播音乐节”等大型活动都是以此作为中心场展开；国内外著名的音乐人和乐团都在此地进行过演出，上海大剧院在国内外具有较高的知名度和影响力。

（一）剧场形式及内部构造

音乐演出厅为长方形结构，舞台类型为镜框式剧场，观众席有两层，设置了 1 243 个座位，一楼和二楼分别有 721 和 522 个座位，座位排间距为 85 厘米到 90 厘米，颇为合理。舞台的表演区面积约为 145 平方米。

（二）场馆描述

舞台技术资料	上海音乐厅	多功能厅
座位数	1 243	280

（续表）

<table>
<tr><td>台口</td><td colspan="3">宽 11 m/高 9 m</td><td>总面积</td><td>415 m^2</td></tr>
<tr><td>主台</td><td colspan="3">深 13 m/高 7.5 m</td><td>层高</td><td>5.7 m</td></tr>
<tr><td>副台</td><td colspan="3">左 24/右 10</td><td rowspan="2">舞台面积</td><td rowspan="2">(可伸缩)84.9 m^2
29块2 420 mm×1 210 mm的模块组成，可任意组合。三档高度调节：600 mm、800 mm和1 000 mm</td></tr>
<tr><td>乐池面积</td><td colspan="3">30</td></tr>
<tr><td>化妆间</td><td>7 间</td><td>休息厅</td><td>5 个</td><td colspan="2" rowspan="2">/</td></tr>
<tr><td>楼层情况</td><td colspan="3">一层 712 座，二层 522 座</td></tr>
<tr><td>配套设施</td><td colspan="3">1. 冷暖设备：中央空调；
2. 灯具总量：80 只；
3. 吊杆：电动 13 道；
4. 配备合唱台阶、管乐台阶、演奏员座椅、谱架；
5. 60路调光，其中面光 46 路，顶光 4 路，内测光 10 路；
6. 调音台为 Soundcraft48 路 MH4 型；
7. 24 路雅马哈调音音响一套；
8. 电容话筒 Schoes2 只、动圈 SM－57 8 只，台口话筒插座 16 只；
9. 配备斯坦威 D－274 三角钢琴 2 架</td><td colspan="2">1. 音响有 Meyersound 4 只，反听音响 2 只，1 台 Soundcraft 调音台；
2. 1 台电脑灯控制台，1 台调光台，8 只电脑灯，42 只 1 KW 聚光灯，另外按照需要可配其他灯；
3. 2 套投影机；
4. 2 只无线话筒，4 只有线话筒，另外按照需要可以增加</td></tr>
<tr><td>演艺形式</td><td colspan="3">交响乐、室内乐、独奏、独唱、合唱等音乐会</td><td colspan="2">中型演出、讲座或企业品牌发布会等</td></tr>
</table>

（三）问题分析

音乐厅的设计主要是为了音乐会、室内乐的演出，它的舞台深度和高度均满足不了标准音乐剧和歌剧的演出需要，无法迎合主流演出需要。

四、兰心大戏院

（一）剧场情况

位于茂名南路的兰心大戏院在1930年重建，2003年重新投入使用。兰心大戏院在当时具有较高的知名度，地理位置优越，毗邻花园饭店、锦江饭店、新锦江大酒店，交通便利，离地铁10号线陕西南路站步行860米，距离地铁1号线陕西南路站步行500米。

（二）场馆描述

舞台技术参数	兰心大戏院		
座位数	971	乐池面积	36
台口	宽11.5 m/高7 m	化妆间	6间
主台	深17 m/高15 m	楼层情况	一层500座，二层471座
左右侧台	15 m	配套设施	1. 中央空调； 2. 灯具数：400只； 3. 吊杆：电动40道
演艺形式	话剧、舞蹈、音乐、综艺、戏曲		

(三) 问题分析

剧院的舞台老旧,吊杆系统年久失修,达不到音乐剧的换景要求。目前仅能承载中型音乐剧的演出,大型音乐剧的技术指标达不到。

五、人民大舞台

(一) 剧院构造

人民大舞台是多功能演出场,能够满足歌剧、芭蕾等不同类型的演出需求,还可以为综艺活动提供服务。剧场的正厅有三层,第四层是楼座和包厢,设置了五个休息厅,全剧场的座位有 1 002 个,楼下、楼上、附楼的座位数量分别为 588 个、357 个、57 个;南北共设四个休息厅。休息厅区域总面积约 460 平方米。道具由九江路专用道具货梯(货梯:长 2.3 米,宽2.65米,高 3.5 米,门宽 2 米,载重 3.5 吨)直达上场门副台,由电脑和手动两用控制的舞台电动吊杆共 40 道,每道杆长 16 米设 5 吊点,负重 500 公斤。舞台的设施、功能较齐全。后台有贵宾室 2 间约 65 平方米,大小化妆室/服装室 7 间共约 170 平方米;以及技术用房。剧场的音响灯光由世界著名的专业公司提供,附属设施完善,设立了创世纪油画大厅和咖啡厅,以及票务大厅、艺术资料鉴赏室,以及可停放近 130 辆车的地下车库。剧场后台设贵宾房 2 间(大 46.8 平方米,小 17.9 平方米)、主化妆间 2 间(各 24 平方米)、普通化妆间 6 间(约 170 平方米)及技术用房。包厢约 65 平方米,分布 57 座位。

舞台技术参数	人民大舞台		
座位数	1 002	乐池面积	36
台口	宽 13 m/高 8 m	化妆间	8
主台	深 15 m/高 18.6 m/宽 22 m	楼层情况	一层 500 座, 二层 471 座
配套设施		1. 中央空调; 2. 灯具数:2 000 只; 3. 吊杆:电动 54 道	
演艺形式		大型演唱会、音乐会、体育比赛	

(二) 音响、灯光设施

人民大舞台在设置舞台音响、灯光系统时,充分考虑到歌剧、芭蕾等演出的需求,同时还结合国内外的演出团队的特点,所有的设计和配置都是以为各类型表演提供服务为目标的,音响灯光系统即使在国际上都属于一流水平。在舞台机械方面,机械设备功能性较强,可以贯穿到全场的所有位置,演出并不局限于固定的舞台,还可以扩展到观众厅的任何部位,打破了传统舞台的局限性。同时重建后的人民大舞台还配备了直播的设施,使演出的同步更便利。

(三) 问题分析

1. 运景比较麻烦。运货电梯和 5 楼的餐饮电梯共用,所以只有等餐饮结束才能运景，而且大的景运输比较麻烦，因为电梯轿厢内尺寸的限制。

2. 吊杆设备老化，不能编程，只能做上下限位，而且吊杆跨杆不能同步使用(比如1、3号杆2、4号杆不能同步上下)。

3. 音响设备开启环绕的话声音会爆表。

六、中国大戏院

(一) 剧院情况

剧院情况	中国大戏院：1929年建成，上海京剧四大舞台之一		
占地面积	1 240 m^2	建筑总面积	5 320 m^2
改建	原来三层剧场，新增升降乐池		
市场定位	音乐剧中剧场		

(二) 舞台条件

舞台技术参数	中国大戏院		
台口	宽13.8 m/高8.4 m/深12 m	化妆间	8
进景口	宽2.8 m/高2.9 m	楼层情况	一层500座， 二层471座
配套设施		1. 中央空调； 2. 灯具数：2 000只； 3. 吊杆：电动54道	
演艺形式		大型演唱会、音乐会、体育比赛	

(三) 问题分析

(1) 没有副台,舞台深度不够。

(2) 进景口宽度、高度都不够,稍大型舞美无法进入。

七、天蟾逸夫舞台

(一) 场馆设施

<table>
<tr><td>舞台技术参数</td><td colspan="3">天蟾逸夫舞台</td></tr>
<tr><td>座位数</td><td>928</td><td>乐池面积</td><td>40</td></tr>
<tr><td>台口</td><td>宽 13 m/高 8 m</td><td>化妆间</td><td>4</td></tr>
<tr><td colspan="2">左右侧台</td><td colspan="2">各 100 m^2</td></tr>
<tr><td>主台</td><td>深 14.5 m/高 16 m</td><td>楼层情况</td><td>一层 812 座,二层 116 座</td></tr>
<tr><td colspan="2">配套设施</td><td colspan="2">1. 调光台是美国斯全得 strandlighting 530i 2 台;
2. 调音台是美国 MIDAS LEGEND 48 路 1 台;
3. 音响是美国 EV;
4. LED 字幕显示屏 2 块;
5. 液压升降乐池 1 套;
6. 复式平衡手动吊杆 32 道;
7. 灯具总量:284 只;
8. 吊杆:手动 32 道;
9. 中央空调</td></tr>
<tr><td colspan="2">演艺形式</td><td colspan="2">戏曲、戏剧</td></tr>
</table>

(二) 问题分析

定位为戏曲演出专业场地,没有音乐剧剧组进驻过。

八、黄浦剧场

（一）剧场情况

剧院情况	黄浦剧场		
占地面积	1 220 m^2	建筑总面积	4 049 m^2

1934 年 2 月开业，原名金城大戏院，1958 周恩来提笔更名黄浦剧场，原来演出相声、独角戏、滑稽戏。

（二）舞台条件

舞台技术参数	一层：黑匣子	二层剧场
座位数	300	500
台口	宽 13 m/高 4.5 m/深 9 m	宽 17 m/高 7 m/净深 12 m
配套设施	/	吊杆 7 道； 每排 30—40，共 17—18 排座位

（三）问题分析

1. 舞台高度不够，无法上吊景；

2. 舞台大局进出口长宽高均不达标，稍大型的道具进不去。

九、黄浦白玉兰剧场

（一）舞台条件

舞台技术参数	白玉兰剧场		
座位数	642	乐池面积	40
台口	宽 14 m/高 6.8 m/深 12 m	吊杆数量	30 根

（二）问题分析

剧场硬性技术条件有限（副台大小、吊杆、声场等），演不了技术复杂的戏，因为这个剧场本身是主要用于会议。另外如果成人音乐剧的话剧场带票能力有限，比较适合亲子类的剧目。

上面介绍的几家剧院是截至笔者写作目前正在演出运营中的剧院，对比百老汇剧院梳理出的可供标准音乐剧演出的舞台基础条件：台口宽至少 12 米以上，舞台深度至少 18 米以上，人民广场剧场群内可用剧院只有 5 家。其他的几家剧院如中国大戏院没有两侧的副台，深度不够只能提供一景到底舞美设计的演出。兰心大戏院深度不够，吊杆数量不足也无法承载专业音乐剧的演出。

后 记

攻读博士学位期间，我一直还从事着艺术管理专业的实践和教学工作，同时每年也作为制作人，承担大型话剧和音乐剧的制作，其中包括事业单位、国企、民营企业等不同性质法人主体投资出品的作品。在这期间还去伦敦参与了三个月的英国机构制作的一部大型音乐剧。与这些不同体制的出品方合作的工作经历，有助于更好地全面掌握演艺行业制作主体的管理原则，运营机制和财务、法务的工作规则。当然作为一名制作人，最重要的一项工作是与各剧场打交道。近几年制作的作品，包括上海戏剧学院和中国国家话剧院联合出品、由著名导演田沁鑫执导的话剧《狂飙》，2017 年在上海戏剧学院、中国国家话剧院、中国国家大剧院、乌镇戏剧节演出，2018 年在东京国立剧院演出；还有国企上海市演出公司出品的，获得 2018 国家艺术基金大型舞台剧资助项目的音乐剧《绿鸟》，该剧购买了美国南加州大学（USC）戏剧学院院长创作的剧本的中文改编权和使用权，由上海儿童艺术剧院熟悉本土市场的编剧全新改编，获得国家艺术基金资助。制作阶段，聘任了伦敦皇家歌剧院的导演、舞美和灯光设计来上海与本土职业音乐剧演员排练，两个月后在上海戏剧学院实验剧院、人民广场剧场群的中国大戏院演出十余场。2018年，我还制作了由开心麻花出品，纽约百老汇导演来沪指导的大型合家欢音乐剧《神秘的糖果工厂》，该剧持续在全国各剧场演出，累计演出超过百场。作为制作人，我与上海诸多剧院经理熟悉，实地与专业的舞美设计师和舞台监督勘查过多家剧场，并汇总形成意见，积累了博士论文的第一手剧场调研资料。

我学业上的成长首先要感谢我的博士生导师、上海戏剧学院院长黄昌勇教授，他对我的论文包括教学及制作实践工作都给予非常多的指导，在博士论文写作过程中，从论文的选题到章节结构的确立，从论文写作的方法到论文初稿完成后的修改，都倾注了大量心力。感谢论文开题和答辩阶段不少专家学者意见，在论文答辩后，我又在导师的指导下进行了修改。感谢美国纽约百老汇最大的非营利剧院集团董事总经理 Harold Wolperts 先生、纽约 Town Square Park 制作工作总经理 Don Frontz 先生、伦敦 Arts Edu 学校副校长 Chris Hocking 先生对我论文采访的帮助协调，他们几位都是音乐剧 Tony 奖的获奖制作人，他们本人花了大量时间接受我多次访谈。

最后还要感谢在读期间，导师门下的同门们对论文的帮助。

2020 年 2 月 28 日于上海

图书在版编目(CIP)数据

从百老汇到演艺大世界：都市演艺产业集聚竞争力研究／张蕾著．—上海：上海书店出版社，2021.8
ISBN 978-7-5458-2028-7

Ⅰ.①从… Ⅱ.①张… Ⅲ.①表演艺术—文化产业—竞争力—研究—中国 Ⅳ.①G124

中国版本图书馆 CIP 数据核字(2021)第 068246 号

责任编辑 盛 魁
特约编辑 韩敏悦
封面设计 汪 昊

从百老汇到演艺大世界
——都市演艺产业集聚竞争力研究
张 蕾 著

出 版 上海书店出版社
(200001 上海福建中路 193 号)
发 行 上海人民出版社发行中心
印 刷 上海叶大印务发展有限公司
开 本 890×1240 1/32
印 张 9.5
字 数 170,000
版 次 2021 年 8 月第 1 版
印 次 2021 年 8 月第 1 次印刷
ISBN 978-7-5458-2028-7/G.169
定 价 48.00 元